独ソ戦

絶滅戦争の惨禍

大木 毅
Takeshi Oki

Eurus
Notus
Boreas
Zephyrus

岩波新書
1785

はじめに　現代の野蛮

未曾有の惨禍

一九四一年六月二二日、ナチス・ドイツとその同盟国の軍隊は、独ソ不可侵条約を破って、ソヴィエト連邦に侵攻した。以後、一九四五年まで続いた、この戦争は一般に「独ソ戦」と呼ばれる。ドイツ、ないしは西欧の視点から、第二次世界大戦の「東部戦線」における戦いと称されることも少なくない。いずれにせよ、この戦争は、あらゆる面で空前、おそらくは絶後であり、まさに第二次世界大戦の核心、主戦場であったといってよかろう。

独ソ戦においては、北はフィンランドから南はコーカサスまで、数千キロにわたる戦線において、数百万の大軍が激突した。戦いの様態も、陣地に拠る歩兵の対陣、装甲部隊による突破進撃、空挺作戦、上陸作戦、要塞攻略等々、現代の陸戦のおよそあらゆるパターンが展開され、軍事史的な観点からしても、稀な戦争であった。

この戦争で生起した諸戦役の空間的規模は、日本人には実感しにくいものであろう。旧陸軍将校であった戦史家、加登川幸太郎は、スターリングラードの戦いを、日本の地理にあてはめた、興味深い記述を試みている。理解の補助線とするため、ここに引用しておこう。本書一三三頁の地図を参照しつつ、お読みいただきたい。

ヴォルガ川岸にあるスターリングラードを、隅田川にある東京においてみよう。すると、ドイツ第一四装甲師団が突破進出した市の北部は草加付近、ソ連軍が最後まで確保した南部のペケトフカは横浜港付近となる。〔中略〕ドン川の河口のロストフ・ナ・ドヌーは奈良県南部の山岳地帯にあたる。ドン川をさかのぼると、伊勢市、浜松市(ツィムリンスカヤ)、静岡市をへて富士山の西にでて、さらに大菩薩峠(カラチ・ナ・ドヌー)、熊谷市、長野市、富山市をとおり、上流のヴォロニェシは金沢の北北西二五〇キロの日本海の中にあたる。この戦いの発端となったハリコフは、金沢の西北西三〇〇キロの海中になる。〔固有名詞等を本書の表記に合わせて引用した〕

しかし、独ソ戦を歴史的にきわだたせているのは、そのスケールの大きさだけではない。独ソともに、互いを妥協の余地のない、滅ぼされるべき敵とみなすイデオロギーを戦争遂行の根幹に据え、それがために惨酷《さんこく》な闘争を徹底して遂行した点に、この戦争の本質がある。およそ四年間にわたる戦いを通じ、ナチス・ドイツとソ連のあいだでは、ジェノサイドや捕虜虐殺など、近代以降の軍事的合理性からは説明できない、無意味であるとさえ思われる蛮行がいくども繰り返されたのである。そのため、独ソ戦の惨禍も、日本人には想像しにくいような規模に達した。

独ソ戦におけるソ連軍の人的被害

戦　死	518 万 7190 名	負傷者	1520 万 5592 名
戦傷死	110 万 0327 名	罹病者	304 万 7675 名
戦病死	54 万 1920 名		
行方不明 もしくは捕虜	445 万 5620 名		
合　計	1128 万 5057 名	合　計	1825 万 3267 名

David M. Glantz/Jonathan M. House, *When Titans Clashed*, revised and expanded edition, 2015, Table P をもとに作成

まず、比較対照するために、日本の数字を挙げておこう。一九三九年の時点で、日本の総人口は約七一三八万人であった。ここから動員された戦闘員のうち、二一〇万ないし二三〇万名が死亡している。さらに、非戦闘員の死者は五五万ないし八〇万人と推計されている。充分に悲惨な数字だ。けれども、独ソ両国、なかんずくソ連の損害は桁がちがう。

ソ連は一九三九年の段階で、一億八八七九万三〇〇〇人の人口を有していたが、第二次世界大戦で戦闘員八六六万八〇〇〇ないし一一四〇〇万名を失ったという。軍事行動やジェノサイドによる民間人の死者は四五〇万ないし一〇〇〇万人、ほかに疫病や飢餓により、八〇〇万から九〇〇万人の民間人が死亡した。死者の総数は、冷戦時代には、国力低下のイメージを与えてはならないとの配慮から、

公式の数字として二〇〇〇万人とされていた。しかし、ソ連が崩壊し、より正確な統計が取られるようになってから上方修正され、現在では二七〇〇万人が失われたとされている。対するドイツも、一九三九年の総人口六九三〇万人から、戦闘員四四四万ないし五三一万八〇〇〇名を死なせ、民間人の被害も一五〇万ないし三〇〇万人におよぶと推計されている（ただし、この数字は独ソ戦の損害のみならず、他の戦線でのそれも含む）。

このように、戦闘のみならず、ジェノサイド、収奪、捕虜虐殺が繰り広げられたのである。人類史上最大の惨戦といっても過言ではあるまい。

世界観戦争と大祖国戦争

こうした悲惨をもたらしたものは何であったか。まず、総統アドルフ・ヒトラー以下、ドイツ側の指導部が、対ソ戦を、人種的に優れたゲルマン民族が「劣等人種《ウンターメンシュ》」スラヴ人を奴隷化するための戦争、ナチズムと「ユダヤ的ボリシェヴィズム」との闘争と規定したことが、重要な動因であった。彼らは、独ソ戦は「世界観戦争《ヴェルトアンシャウウングスクリーク》」であるとみなし、その遂行は仮借《かしやく》なきものでなければならないとした。

一九四一年三月三〇日、招集されたドイツ国防軍の高級将校たちを前に、ヒトラーは、このように演説している。

対立する二つの世界観のあいだの闘争。反社会的犯罪者に等しいボリシェヴィズムを撲滅するという判決である。共産主義は未来へのとほうもない脅威なのだ。われわれは軍人の戦友意識を捨てねばならない。共産主義者はこれまで戦友ではなかったし、これからも戦友ではない。みな殺しの闘争こそが問題となる。もし、われわれがそのように認識しないのであれば、なるほど敵をくじくことはできようが、三〇年以内に再び共産主義という敵と対峙することになろう。われわれは、敵を生かしておくことになる戦争などしない。

ヒトラーにとって、世界観戦争とは「みな殺しの闘争」、すなわち、絶滅戦争にほかならなかった。加えて、ヒトラーの認識は、ナチスの高官たちだけでなく、濃淡の差こそあれ、国防軍の将官たちもひとしく共有するものであった。

そうした意図を持つ侵略者に対し、ソ連の独裁者にして、ソヴィエト共産党書記長であるヨシフ・V・スターリン以下の指導者たちは、コミュニズムとナショナリズムを融合させ、危機を乗り越えようとした。かつてナポレオンの侵略をしりぞけた一八一二年の「祖国戦争」になぞらえ、この戦いは、ファシストの侵略者を撃退し、ロシアを守るための「大祖国戦争」であると規定したのだ。

これは、対独戦は道徳的・倫理的に許されない敵を滅ぼす聖戦であるとの認識を民衆レベルまで広めると同時に、ドイツ側が住民虐殺などの犯罪行為を繰り返したことと相俟《あいま》って、報復感情を正当化した。戦時中、対独宣伝に従事していたソ連の作家イリア・エレンブルグは、一九四二年に、ソ連軍の機関紙『赤い星』に激烈な筆致で書いている。

ドイツ軍は人間ではない。いまや「ドイツの」という言葉は、もっとも恐ろしい罵りの言葉となった。〔中略〕もし、あなたがドイツ軍を殺さなければ、ドイツ軍はあなたを殺すだろう。ドイツ軍はあなたの家族を連れ去り、呪われたドイツで責めさいなむだろう。〔中略〕もし、あなたがドイツ人一人を殺したら、つぎの一人を殺せ。ドイツ人の死体にまさる楽しみはないのだ。

このような扇動を受けて、ソ連軍の戦時国際法を無視した行動もエスカレートしていった。両軍の残虐行為は、合わせ鏡に憎悪を映したかのように拡大され、現代の野蛮ともいうべき凄惨な様相を呈していったのである。

ゆがんだ理解

右に述べたような、独ソ戦の「世界観戦争」としての性格が、欧米の研究において強調されてきたことはいうまでもない。戦後のドイツ連邦共和国(通称、西ドイツ。現在のドイツ)において、かつての高級軍人たちは、国防軍はナチ犯罪に加担していないとする「清潔な国防軍」伝説を広めたが、これも、「国防軍展」(国防軍のジェノサイドへの関与等を暴露した巡回展覧会)をきっかけに、一九九〇年代には否定された。

ところが、日本では、専門の研究者を除けば、こうした独ソ戦の重要な側面が一般に理解されているとはいい難い。独ソ戦といえば、ドイツ国防軍の将官の回想録や第二次世界大戦に関する戦記などの翻訳書等を通じて、一部のミリタリー・ファンに、もっぱら軍事的な背景や戦闘の経緯などが知られるばかりであった。しかし、そのような翻訳書、もしくは、それらをもとにした著作は、今となっては問題が少なくなかったこともあきらかになっている。

ドイツ軍人たちの回想録の多くは、高級統帥に無知なヒトラーが、戦争指導ばかりか、作戦指揮にまで介入し、素人《しろうと》くさいミスを繰り返して敗戦を招いたと唱えた。死せる独裁者に敗北の責任を押しつけ、自らの無謬《むびゅう》性を守ろうとしたのである。ヒトラーが干渉しなければ、数に優るソ連軍に対しても、ドイツ国防軍は作戦の妙により勝利を得ることができた。そのような将軍たちの主張はまた、ソ連の圧倒的な軍事力と対峙していた冷戦下の西側諸国にとっても都合のよいものであった。

一九七〇年代以来、日本人の独ソ戦理解を決定づけたのは、こうした回想録をはじめとする、さまざまな戦記本であった。なかでも影響力が大きかったのは、『砂漠のキツネ』『バルバロッサ作戦』『焦土作戦』などの一連の著作で知られる、パウル・カレル、本名パウル・シュミットであろう。ナチス政権のもと、若くして外務省報道局長の要職に就いた人物だ。戦後、本名や経歴を隠して、「パウル・カレル」の筆名で書いた著作は、日本でもベストセラーとなり、独ソ戦に関する研究書がほとんどなかった時代に、広範な読者を獲得した。研究者のなかにも「歴史書」として依拠する者がいたほどである。

しかしながら、カレルの著作の根本にあったのは、第二次世界大戦の惨禍に対して、ドイツが負うべき責任はなく、国防軍は、劣勢にもかかわらず、勇敢かつ巧妙に戦ったとする「歴史修正主義」だった。そうしたカレルの視点からは、国防軍の犯罪は漂白されていた。カレルのナチ時代の過去をあばいたドイツの歴史家ヴィクベルト・ベンツは、独ソ戦をテーマとした『バルバロッサ作戦』と『焦土作戦』を精査したが、国防軍の蛮行について触れた部分は、ただの一か所もなかったと断じている。

このように、カレルの描いた独ソ戦像は、ホロコーストの影さえも差さぬ、あたかも無人の地で軍隊だけが行動しているかのごとき片寄った見方を読者に与えるものであった。こうした彼の経歴やイデオロギーに由来する歪曲は、かねて問題視されていたが、二〇〇五年のベンツによるパウル・カレル伝の刊行により、はじめて体系的に批判されたのである。

その後、カレルの記述のなかには、ドイツ軍の「健闘」、今一歩で勝てるところだったのだという主張を誇張するために、実際には存在しなかった事象が含まれていることも確認されている。ドイツ連邦国防軍軍事史研究局による第二次世界大戦史から引用しよう。クルスク会戦の重要な局面、プロホロフカの戦車戦を論じた箇所だ。

この筋書き〔一九四三年七月一二日に、プロホロフカで大戦車戦が行われたという、戦後のソ連側、とりわけ当事者であるロトミストロフ将軍の主張〕は、ドイツの戦記作家パウル・カレルの空想を刺激した。彼は、〔ドイツ〕第三装甲軍団のプロホロフカへの競走を、こう演出した。「戦史上、そうした事例には事欠かない。今も、戦争の帰趨《きすう》を左右することになるような運命的決定が、時計の進み方如何《いかん》に懸かっていた。日単位ではない。時間に、だ。「ワーテルローの世界史的瞬間」が、プロホロフカに再現されたのである」。著しい苦境におちいっていたイギリス軍の総帥ウェリントンを助けに急ぐプロイセンのブリュッヒャー元帥と、その介入をさまたげようとして失敗したナポレオンの元帥グルーシーのあいだで争われたワーテルローにおける競走にたとえたのだ。当時のグルーシー元帥同様、プロホロフカのケンプフ将軍〔ドイツ側〕も到着が遅すぎたというのである。

しかし、ドイツの文書館史料からは、この七月一二日の競走などまったくなかったし、いわんやロトミストロフが記述したようなプロホロフカ南方の戦車戦など存在しなかったことが判明する。当該戦域には、最大時で四四両の戦車を有するのみの〔ドイツ〕第六装甲師団があっただけなのである。

このような欠陥が暴露されて以来、欧米諸国の学界では、カレルの著作は読者の理解をゆがめるものとされ、一顧だにされていない。ドイツにおいては、彼の諸著作は、上梓《じょうし》以来、版をあらためては刊行されつづけてきたが、二〇一九年現在、すべて絶版とされている。

スタートラインに立つために

残念ながら、日本においては、こうしたパウル・カレル以来の独ソ戦像が、今日までも強固に残存しているのが実情である。ところが、その一方で、一九八九年の東欧社会主義圏の解体、続く一九九一年のソ連崩壊によって、史料公開や事実の発見が進み、欧米の独ソ戦研究は飛躍的に進んだ。日本との理解・認識のギャップは、いまや看過しがたいほどに広がっている。

本書は、こうした状況に鑑《かんが》み、現在のところ、独ソ戦に関して、史実として確定していることは何か、定説とされている解釈はどのようなものか、どこに議論の余地があるのかを伝える、いわば独ソ戦研究の現状報告を行うことを目的とする。日本においては、何よりもまず、理解の促進と研究の深化のためのスタートラインに立つことが必要かつ不可欠であると考えるからだ。

その際、中心となるのは、日本語で参照できる文献が少ない、戦史・軍事史面からの論述であり、それが本書の基軸となる。しかし、「世界観戦争」としての独ソ戦は、純軍事面のみを論じたところで、その全貌をつかめるものではない。政治、外交、経済、イデオロギーの面からもみる必要があろう。そこで、本書では、こうした側面についても、随所に織りまぜて論じることにする。人類史上最大にして、もっとも血なまぐさい戦争を遺漏なく描ききることは、このような小著では、もとより不可能であろう。けれども、筆者の試みが、未曾有の戦争である独ソ戦を「人類の体験」として理解し、考察する上での助けとなることを期待したい。

では、問題設定はこれぐらいにして、独ソ戦の歴史の重い扉を開くことにしよう。幕開けは、一九四一年初夏のモスクワ、赤い独裁者ヨシフ・V・スターリンの執務室からである……。

目　次

目　次

図版製作　鳥元真生

EUROPA. POLITISCHE ÜBERSICHT. 1941, *Wehrmacht Soldaten Atlas*, Leipzig, 1941 収録図をもとに作成

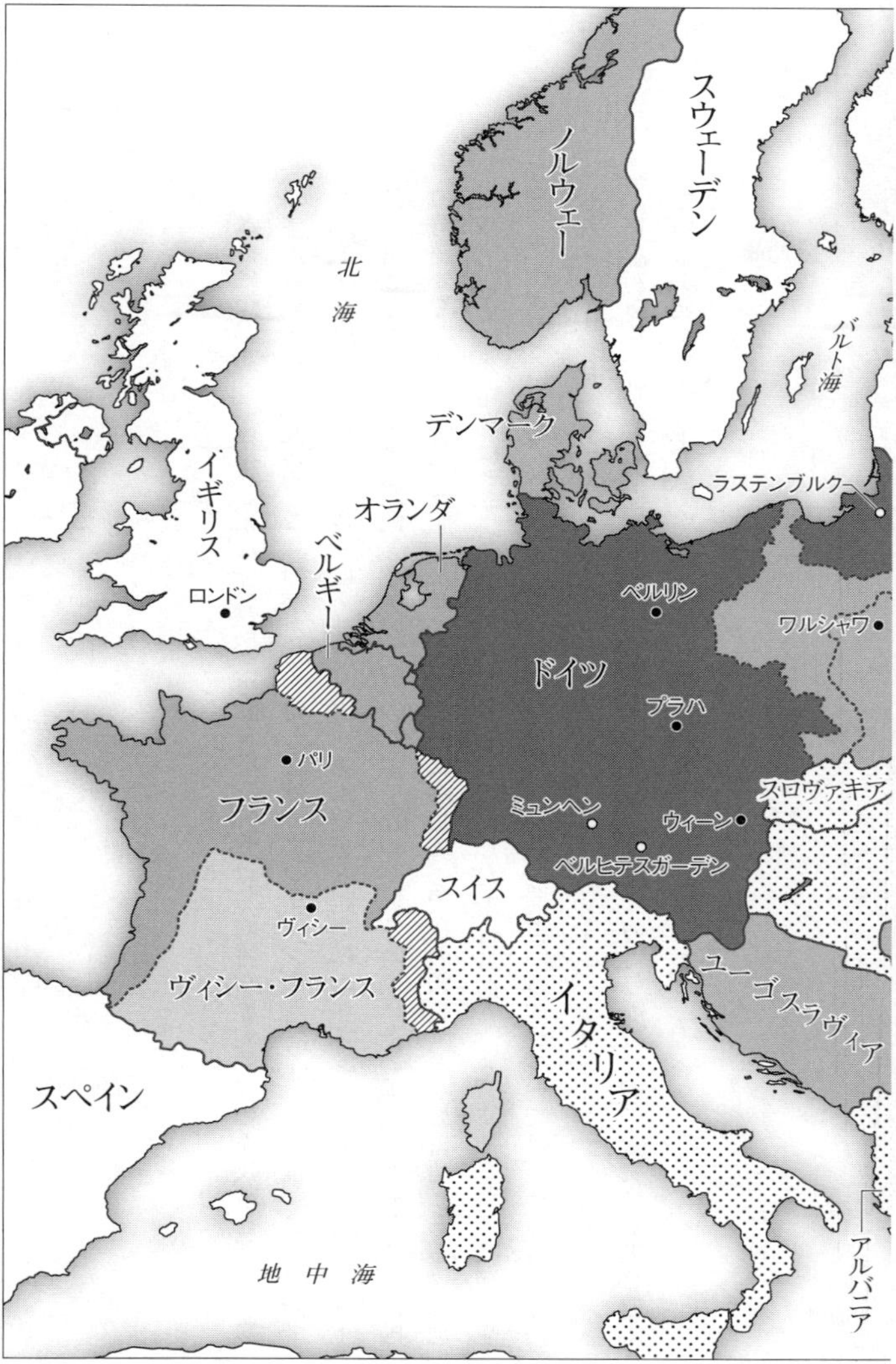

スウェーデン
ノルウェー
北海
バルト海
デンマーク
イギリス
ラステンブルク
オランダ
ベルギー
ロンドン
ベルリン
ワルシャワ
ドイツ
プラハ
パリ
スロヴァキア
フランス
ミュンヘン
ウィーン
ベルヒテスガーデン
スイス
ヴィシー
ユーゴスラヴィア
ヴィシー・フランス
イタリア
スペイン
地中海
アルバニア

注記

一、本書に登場する、さまざまな地名は、東欧・中欧における複雑な歴史的経緯を反映して、複数の言語による呼称が存在するものがある。たとえば、ニョーマン川（ベラルーシ）は、ロシア語でニエーマン川、リトアニア語ではネムナス川、ポーランド語ではニェメン川、ドイツ語ではメーメル川となる。本書では原則として、記述の対象となっている時期にその地点を領有していた国の言語にもとづき、カナ表記した。また、必要に応じて、現在の領有国とその言語、あるいは別に通用している発音にもとづくカナ表記を（ ）に付した場合もある。ただし、「モスクワ」や「ベルリン」といった、日本語で定着していると思われる慣習的表記については、そちらを採用した（原音主義にもとづいた表記なら、それぞれ「マスクヴァー」「ベァリーン」になろう）。

二、邦訳がある文献からの引用でも、用語や文体の統一、ルビの付与等のため、訳文に変更を加えていることがある。また、引用文の〔 〕内は、著者の補註である。

第一章　偽りの握手から激突へ

第一節　スターリンの逃避

無視される情報

スターリンは、机上の機密文書に、眼を通したという意味の×印を書き入れた。

東京　一九四一年五月三〇日

ベルリンは、オット〔駐日ドイツ〕大使に、ドイツの対ソヴィエト攻撃は六月後半に開始されると伝えてきた。オットは九五パーセントの確率で戦争は開始されると伝えてきた。

〔後略〕

スターリンが読んでいたのは、独紙『フランクフルター・ツァイトゥング』の特派員として来日し、当時の近衛文麿政権中枢部に深く食い込んでいたソ連の情報員、リヒャルト・ゾルゲの秘密報告であった。独ソ開戦のおよそ三週間前に、侵攻近しとの警告を伝える、ソ連にとっては貴重な情報である。――そのはずだった。

スターリンの執務室には、このゾルゲ電のみならず、独ソ戦が目前に迫っているとの警報が多数上げられていた。にもかかわらず、スターリンは耳を貸そうとはしなかった。無視されたのは、ゾルゲの報告だけではない。世界各国にはりめぐらされたソ連のスパイ網がモスクワに送り届けた情報は、一説によれば、百数十件にもおよんだとされる。が、スターリンは、一九四一年の初夏に、独ソ戦が迫っていることを告げる情報をいっさい信用しようとはせず、国境守備にあたっている諸部隊に警告するどころか、逆に挑発的行動を取るなと戒めつづけた。

独ソ開戦の五日前、内務人民委員部（NKVDと略称される）から、侵攻は切迫しているとの警告を含むスパイ情報を受け取ったスターリンは、このように応じている。

「ドイツ空軍総司令部の「情報源」など、お話にならん。そんなものは「情報源」どころか、欺騙情報《ディジンフォルマートル》を流しているやつにすぎないのだよ」。

この錯誤の対価は高くつく。スターリンが強制した手かせ足かせのおかげで、ソ連軍部隊は無防備かつ無警戒のまま、ドイツの侵略に直面することになったのである。ドイツ軍の攻撃は一大奇襲となり、ソ連軍は、一時は崩壊を危惧されるほどの大損害を被った。イギリスの戦時宰相ウィンストン・チャーチルの言を借りれば、スターリンは「近代の戦いのなかで、侵攻を受けたいかなる指導者よりも、危機が切迫していることについて、攻撃開始の日時までもあきらかになるような、はるかに多くの、かつ、より質の高い情報を得ていた」。それにもかかわらず、なぜスターリンは警戒措置を取らなかったのか。当然生じる疑問だ。

根強い対英不信

まず考えられるのは、イギリスへの強い猜疑心《さいぎしん》であろう。スターリンにしてみれば、独ソ不可侵条約(一九三九年締結)以来のドイツとの友好関係は、悪化しつつあったとはいえ、ポーランド分割をはじめ、独ソ双方に大きな利益をもたらすものであった。ヒトラーが、その利益をむざむざ放棄するわけがない。

一方、英仏独伊の四か国のみでチェコスロヴァキアの領土割譲を決めたミュンヘン会談(一九三八年)以来、西欧資本主義諸国、とりわけイギリスは、ソ連をないがしろにするばかりか、敵対的な態度を取ってきた。少なくとも、スターリンは、そう考えていた。イギリスはドイツを対ソ戦に誘導することをたくらんでいるとさえ、疑っていたのである。

そうした猜疑心ゆえに、各国からもたらされる情報、とくにイギリスからのそれは、すべて謀略であると、スターリンは決めつけた。彼の眼を曇らせていた要因の一つは、ミュンヘン会談以来の資本主義諸国、なかんずくイギリスに対する不信という先入観であった。

弱体化していたソ連軍

戦争など起こってほしくない。いや、起こってはならないのだし、起こるはずがない。スターリンを現実逃避にも近い願望にしがみつかせた理由は、もう一つあった。当時のソ連軍は著しく弱体化していたのだ。一九三九年から四〇年のフィンランド侵略、「冬戦争」と呼ばれた戦いで、はるかに劣勢な相手に、ソ連軍は苦戦を強いられている。この戦争で暴露された通り、ソ連軍は劣悪な状態にあった。その原因は、一九三七年に開始された「大粛清」にある。

ロシア革命を実現させた指導者であるヴラジーミル・I・レーニンが没したのち、スターリンの権力基盤はなお不安定なものであった。古参の共産党幹部や政府指導者のなかにも、隙あらば反逆に踏みきり、自分を追い落とそうとしている者が多数いる。そのような強迫観念に囚われたスターリンは、内務人民委員部麾下《きか》の秘密警察を動員し、おのが先輩や仲間を含む、ソ連の指導者たちを逮捕・処刑させた。粛清は、文官のみならず、赤軍幹部にもおよび、その多くが「人民の敵」として、あるいは銃殺され、あるいは逮捕投獄されていった。

この大粛清が示す数字は、見る者を慄然とさせる。一九三七年から三八年にわたって、三万四三〇一名の将校が逮捕、もしくは追放された。そのうち、二万二七〇五名は、銃殺されるか、行方不明になっており、実態は今も判然としない。また、高級将校ほど、粛清の犠牲者が多くなっており、軍の最高幹部一〇一名中、九一名が逮捕され、そのなかの八〇名が銃殺されたという。軍の最高階級であったソ連邦元帥も、当時五名いたうち、三名が銃殺された。「縦深戦」

右から，トゥハチェフスキー，カリーニン，モロトフ，スターリン．1936年ソヴィエト大会

など、時代に先んじた用兵思想を完成させたことで知られるミハイル・N・トゥハチェフスキー元帥も、その一人である。

軍の脊柱《せきちゅう》は将校であるとは、しばしばいわれることである。もし、それが真実であるとするなら、スターリンは、自らソ連軍の背骨をたたき折ってしまったことになろう。事実、大粛清の影響は深刻だった。独ソ開戦の前年、一九四〇年夏に、多数の現場部隊を査察した赤軍歩兵総監は、つぎのように報告している。二二五個連隊の指揮官中、陸軍大学校卒業者は皆無《かいむ》、各種軍学校を卒業した者二五名、ほか二〇〇名は将校速成課程を受けて任官した者ばかりである。一九四〇年初頭の時点で、師団長の七割以上、連隊長の約七割、政治委員と政治部隊長の六割は、その職に就いてから一年ほどの経験しかない。

つまり、大粛清は、高級統帥、すなわち大規模部隊の運用についての教育を受けた将校、ロシア革命後の内戦や対干渉戦争での実戦経験を有する指揮官の多くを、ソ連軍から排除してしまったのである。折しも、一九三八年に開始された第三次五か年計画によって、物的軍備は拡充の途上にあった。しかし、将校団が潰滅したとあっては、いかに兵器や装備を整えようと、精強な軍隊を保持することは望めない。

アメリカの軍事史家デイヴィッド・M・グランツは、大著『よろめく巨人』で、こうしたソ連軍の窮境を克明に論証した。巷間《こうかん》流布されていた、ドイツのソ連侵攻は、スターリンの先制攻撃に対する予防戦争だったとする説（これは、パウル・カレルをはじめとする歴史修正主義者たちのテーゼであった）に反駁《はんばく》を加え、そのような主張は軍事的に成り立たないと結論づけたのである。

いうまでもなく、スターリンは、自ら命じた粛清によって、おのれの軍隊を骨抜きにしてしまったことを承知していた。数々の実戦経験を積み、宿敵フランスを降《くだ》したドイツ国防軍に、ソ連軍が作戦・戦術的にはいまだ太刀打ちできる状態にないことも認識していたにちがいない。したがって、このまま、ドイツとの戦争に突入すれば、ソ連の崩壊は必至であろう。そう予想したがゆえに、スターリンは、目前に迫ったドイツの侵攻から眼をそむけ、すべてはソ連を戦争に巻き込もうとするイギリスの謀略であると信じ込んだ。あるいは、信じたがった。不愉快な事実を突きつけられたにもかかわらず、起こってほしくないことは起こらないとする倒錯した「信仰」のとりことなったのだ。

けれども、現実を拒否した独裁者は、尋常《じんじょう》でない災厄を呼び込もうとしていた。こうした、ソ連にとっての悲劇をいっそう深刻なものにしたのは、大粛清等による権力集中によって、ソ連指導部からは異論が排除され、スターリンの誤謬や先入観、偏《かたよ》った信念が、そのまま、国家の方針となったことであった。

一九四一年初夏、ソ連国民は、それがために、一部は回避し得たはずの苛《か》酷《こく》な試練にさらされることになる。

第二節　対ソ戦決定

征服の「プログラム」

ドイツ総統アドルフ・ヒトラーは、一九二三年にミュンヘンでクーデターを試みて失敗し、投獄されたことがある。彼は、そのころから、一九四五年にソ連軍の包囲下にあるベルリンにおいて自殺するまで首尾一貫して、ソ連を打倒、東方植民地帝国を建設するという政治構想を追求していたという。最初にそうした主張を行ったのは、イギリスの歴史家ヒュー・トレヴァ＝ローパーであった。彼は早くも一九六〇年に、ナチズムの本質は独ソ戦にあったと喝破《かっぱ》している。この議論は、かつての西ドイツ、また、それ以外の欧米諸国の研究者たちにより深化され、いわゆる「プログラム」論と呼ばれる学説になった。

それによれば、ヒトラーは、豊富な資源や農地を有する空間、「生存圏《レーベンスラウム》」を確保しなければ、ゲルマン民族の生き残りはかなわないと確信していた。そのためには、東方のロシアを征服して、ドイツの支配下に置くことが必要不可欠である。しかしながら、第一次世界大戦で証明された通り、イギリスとロシアを同時に敵にまわして、二正面戦争に突入するようなことになれば、ドイツは再び敗北することになろう。

したがって、イギリスを同盟国とする、もしくは中立状態に置いた上で、チェコスロヴァキア、ポーランド、フランスなどを段階的に打倒し、戦略的な基盤を整える。しかるのちに対ソ戦に着手、ソ連を覆滅《ふくめつ》して、その地にゲルマン民族の植民地帝国を築く。ヒトラーは、そうした「プログラム」を練り、着々と遂行していったというのである。

この学説は、ヒトラーが権力を掌握して以来の政治外交、さらには軍事行動をも、一定程度合理的に説明し得るものだったから、一時はヒトラーの戦略についての定説となった。しかし、彼ら、プログラム学派（意図派とも呼ばれる）の主張は、あまりにもヒトラーに集中しており、彼に課せられていたはずの国内政治の枠、社会的・経済的な制約を軽視した議論であった。ゆえに、一九七〇年代末以降、厳しい批判を浴び、プログラム学派の主張が単一原因論に過ぎることは、しだいにあきらかになっていく。また、ヒトラーが、現実政治のなかで、思い通りにプログラムを実行できたかとの疑問も強まった。結局のところ、現在では、プログラム論は、かつてのごとき唯一の定説ではなく、ヒトラーの政策や戦略に対する解釈の一つといったところに落ち着いたかと思われる。

想定外の戦局

ともあれ、プログラム学派のいうような緻密な計画ではなかったとしても、対ソ戦がヒトラーの宿願であったことは間違いない。それは、いかなる経緯をたどって決定されたのか。

まず、第二次世界大戦がヒトラーの思惑《おもわく》を外れたかたちではじまったことを確認しておきたい。イデオロギーからすれば不倶戴天《ふぐたいてん》の敵であったはずのソ連と不可侵条約を結び、英仏の牽制とポーランド侵攻の局地紛争化をはかったにもかかわらず、大戦への拡大は防げなかった。事実、一九三九年九月三日に、英仏が対独宣戦したとの報を聞いたヒトラーは、「さて、どうする？」と呟《つぶや》いたという。

しかしながら、英仏に先行して軍備拡張を進めていたドイツ国防軍は、優れた作戦計画と相俟って、一九四〇年の対仏戦で思いがけぬ大勝を収める。この同盟国フランスの脱落によって（ノルウェー、デンマーク、ベネルクス三国はすでにドイツに占領されていた）、イギリスは大陸を逐《お》われ、孤立することになった。

　一躍優位に立ったヒトラーは、イギリスに和平を提案したが、英首相となったチャーチルは、これを一蹴《いっしゅう》、徹底抗戦の方針を固め、英本土の防衛態勢を強化した。やむなくヒトラーは、英本土上陸作戦を準備せよとの指令を下す。ところが、再建途上の貧弱な戦力で大戦に突入するはめとなったドイツ海軍は、英本土上陸作戦は困難であると難色を示した。

　その結果、ヒトラーは、空からイギリスを屈服させる方針に切り替え、ドイツ空軍に大規模な英本土空襲を実行させた。これを迎え撃ったイギリス空軍とのあいだに展開されたのが、有名な英本土航空戦《バトル・オヴ・ブリテン》である。当初、兵力に優るドイツ空軍が制空権を握るだろうと思われたが、イギリス空軍は粘り強い迎撃戦を展開、戦局は一進一退の様相を呈した。

　講和に持ち込むことも、英本土を制圧すること

空爆された現場へ徒歩で視察に行くチャーチル．1940 年ロンドン．gettyimages

もできず、手詰まり状態におちいったヒトラーは、東方に眼を向ける。イギリスが無意味な抵抗を続けているのは、いずれはアメリカとソ連が味方につくと希望をかけているからだ。ならば、「大陸の剣」であるロシアを粉砕すれば、かねての願いである東方植民地帝国の建設ならびにイギリスの抗戦意志をくじくという二重の目的が達成されよう。

三つの日付

では、ヒトラーの決断は、どのようにして、具体的に固まっていったのだろうか。その企図を示す重要な日付は三つある。

第一は、南独ベルヒテスガーデンのベルクホーフに在ったヒトラーの山荘に、国防軍首脳部が集められた日、一九四〇年七月三一日である(七月二九日、国防軍最高司令部に内示)。このとき、ヒトラーは、イギリスはソ連の参戦に期待しているとし、後者を覆滅することによって、前者に講和を強いると、軍の首脳部に告げた。

第二は、一九四一年春までに野戦師団一八〇個と若干の占領用師団の装備を調《ととの》えるべしとした総統命令が発せられた一九四〇年九月二七日だ。その内容からもわかる通り、対ソ戦の準備が実際に指示されたものと解釈できる。

第三は、ソ連外務人民委員モロトフがベルリンを訪問した一九四〇年一一月一二日および一三日である。この時期までに、フィンランドや石油を産するルーマニアをいずれの勢力圏に置くかをめぐって、独ソ関係は冷却しはじめていた。そうした緊張を解決すべく、ドイツ外相リッベントロップは、モロトフをベルリンに招き、日独伊ソ四国同盟を結んで、大英帝国を解体するとのプランを提案、両国のあつれきを解消しようとした。ところが、モロトフは、リッベントロップの壮大な計画など一顧だにせず、秘密議定書の規定を忠実に履行すべしと求めるのみだった。そうした、にべもない反応をみて、ヒトラーは、独ソ戦やむなしと決断するに至ったとする説もある。

この三つの日付のどれを、ヒトラーが対ソ戦を決断した日と解釈すべきかについて、さまざまな立論がなされてきたことはいうまでもない。なかには、イギリスの歴史家バリー・リーチのように諸説を組み合わせ、一九四〇年七月三一日から一一月一三日にかけて、ヒトラーは徐々に対ソ戦の決意を固めていったのだとする、三段階決定論を唱える向きもある。

はたしてヒトラーの決心の度合いは、右の三つの日付のそれぞれにおいて、どの程度のものであったか。史料から、それを読み取ることはきわめて困難だ。が、ソ連侵攻が正式に決定された日付は、一九四〇年一二月一八日だとわかっている。この日、対ソ戦実行を命じる総統指令第二一号が下達されたのである。「バルバロッサ」の秘匿名称を有する侵攻作戦の歯車が、ひそやかに回りはじめた。

陸軍総司令部の危惧

こうして述べてきたように、戦後すぐから一九八〇年代初頭までのドイツの対ソ開戦決意をめぐる議論は、ヒトラーの判断に集中していた。もちろん、ナチス・ドイツにおいて、独裁者ヒトラーの意向は、政策決定における最重要の要因であるから、それが研究の焦点となるのも当然のことではあった。

けれども、そうした研究の流れが、国防軍のソ連侵攻への関与責任を後景にしりぞかせる方向に作用したことは否定できないだろう。このような研究動向は、かつての将軍たちの主張と相俟って、国防軍はヒトラーの命令に義務として従っただけであって、積極的に侵略に加担したわけではないというような、漠然とした印象をかたちづくることになった。

しかし、ドイツの準公刊戦史『ドイツ国と第二次世界大戦』の第四巻、ソ連侵攻を扱った部分が一九八三年に刊行されるとともに、国防軍、とくに陸軍が対ソ戦に積極的であったことがあきらかにされた。この巻に収録された、ドイツの歴史家エルンスト・クリンクの論文が、総統指令以前より、陸軍総司令部(以下、「OKH《オーカーハー》」と略記)が、ソ連侵攻の覚悟を固めていたことを実証したのである。

その端緒は、ドイツが英仏と対峙しているあいだの背後の安全に関する危惧にあった。一九三九年九月のポーランド分割により、ソ連と国境を接するようになったドイツは、不可侵条約の存在にもかかわらず、同国への警戒心を失っていなかった。一九三九年九月二七日の陸軍総司令官ヴァルター・フォン・ブラウヒッチュ元帥およびフランツ・ハルダー陸軍参謀総長との

左から，ブラウヒッチュ陸軍総司令官，ヒトラー，ハルダー陸軍参謀総長．gettyimages

会談で、ヒトラーは、国益は条約よりも上にあるものだとし、永遠に有効なのは成功であり、力なのだと述べている。同年一〇月九日付の国防軍最高司令部（以下、「ＯＫＷ《オーカーヴェー》」と略記）長官ならびに陸海空三軍の総司令官宛覚書にも、ソ連が引き続き中立を守ることは、いかなる条約や協定によっても保証され得ないとの警告が記されている。こうした総統の不安を、国防軍首脳部も共有していた。

一九三九年一〇月二〇日、ドイツ国防軍の主力が、西方侵攻作戦のために西部に集中しているあいだ、東部国境を守る任にあった「東方総軍《オーバーベフェールスハーバー・オスト》」に、陸軍総司令官ブラウヒッチュよりの命令が下達された。あり得る敵の攻撃に対し、当面使用可能な

兵力による防御戦を可能たらしめ、かつ増援部隊の迅速な展開を安全にするような防衛陣地線を構築・整備せよとの内容である。ついで、ハルダー陸軍参謀総長が、東方総軍参謀長に、西方作戦遂行中にソ連軍が侵攻してきた場合の東部国境防衛計画を立案するよう、指示している。

ドイツ国防軍首脳部の東部国境に対する懸念《けねん》は、すでに述べた冬戦争によって、いよいよ高まった。ドイツが準備未成で西方攻勢を実施できずにいるあいだに、ソ連はフィンランドに戦争をしかけ、革命の聖地であるレニングラードに隣接するカレリア地方を割譲させたのだ。ソ連が国境を西に動かそうと努めていることは明白であった。

OKHは当初、スターリンの大粛清によって弱体化しているソ連軍がドイツ本土に侵攻してくる見込みは薄いと判断していた。しかし、ドイツが西方作戦に集中しているあいだに、その背後を衝く誘惑にかられる可能性は皆無ではない。何よりもドイツの戦争遂行にとって不可欠の油田があるルーマニア方面に、ソ連は厳然たる脅威をおよぼしていた。一九四〇年にベネルクス三国とフランスへの侵攻が成功したのちも、イギリスが依然として抗戦し、ドイツ軍の戦力の相当な部分を拘束していたから、東の守りが手薄であることはなお否めないのであった。

ハルダー陸軍参謀総長は、もしソ連軍がドイツに侵攻してきた場合には、少数の兵力しか振り向けられないことから、攻勢防御に頼ることにした(当時のヒトラーは、イギリスとの戦争が続く場合に備えて、陸軍を削減、海空軍を強化すると決定していた)。その日記の一九四〇年六月一八日の条には、「原則として最低限で。持っているものは、攻撃に投入すべきである」とした上で、河川沿いの対戦車障害物設置、地雷の広範な使用といった防御施策のほかに、快速部隊を編合し、それらの召致のために道路・鉄道網を整備するとの記述がある。陸軍参謀本部作戦部の「東方班」の計画立案も、こうしたハルダーの判断に従っていた。また、西方作戦終了後、東プロイセンと占領下のポーランドに向かう予定であった第一八軍司令部にも、この線に沿った指示がなされている。

第一八軍開進訓令

第一八軍司令部に、東部に移動し、同地で一五個歩兵師団を麾下に置く軍を編成せよとの命令が下ったのは、一九四〇年六月二六日のことであった。その三日後、第一八軍の任務は、ソ連およびリトアニアに対する東部国境防衛であるとする訓令が出される。後者は、サン川とヴァイクセル川(ヴィスワ川)を結ぶ線と東プロイセンの国境で敵を拒止、増援の到着を待って反撃に出るという具体的な指示も含んでいた。

しかし、このころより、ハルダーは、攻勢防御から一歩進んで、ソ連を討つべきではないかと考えはじめる。七月三日、ハルダーは、ＯＫＨ作戦部長ハンス・フォン・グライフェンベルク大佐に対ソ戦の検討を指示した。両者とも、ソ連を打倒すれば、イギリスは継戦意志を失うのではないかと、ヒトラー同様の希望を抱いていたのである。

翌四日、ハルダー陸軍参謀総長は、第一八軍司令官と同参謀長を迎え、リヴォフ(リヴィウ)東方ならびに南部のリトアニアとの国境付近にソ連軍の大兵力が集結していると告げ、攻勢計画を起案するよう命じた。この指示を受けて作成された草案は、五日後にハルダーのもとに提出され、その承認を得て、七月二二日付「第一八軍開進訓令」として発令された。この訓令は、ソ連との紛争が生じた場合には、第一八軍は増援到着まで国境を固守したのち、サン川上流部と東プロイセンに兵力を集中、攻撃に転じて、ソ連軍の攻勢準備を挫折させるとしていた。

しかし、第一八軍開進訓令には問題があった。そこでは、「ソ連との紛争」は、単にドイツへの侵攻のみならず、バルカン方面、とくにルーマニアに脅威がおよんだ場合も含まれるとされていたのである。これは、ソ連が、死活的な重要性を持つルーマニアに手をつけたならば、ドイツは自ら進んで戦争をすると明言したにひとしい。当時、国防軍の戦車や航空機をはじめとする近代装備の多くは、ルーマニア産の石油で動いていた。それゆえ、ハルダーは、攻勢防御の方針をあらため、ルーマニアの油田を守るためには対ソ戦もやむなしと判断したのだ。

このような判断の背景にあったのは、ソ連軍の実力に対する過小評価だったと考えられる。七月二一日に開かれたヒトラーとの会議で、陸軍総司令官ブラウヒッチュは、対ソ戦の可能性と作戦案について報告している。その際、ブラウヒッチュは、ソ連軍が使える優良師団は五〇個ないし七五個師団程度と予想されるから、作戦に必要なのはドイツ軍八〇個から一〇〇個師団ほどだろうと述べた。のちの独ソ戦の経過を知る後世の人間にとっては、信じ難い見積もりではある。だが、これこそが当時のドイツ国防軍の認識なのであった。

こうして、国防軍、なかんずく陸軍の首脳陣は対ソ戦に傾斜していった。七月二五日付の第一八軍戦時日誌には、ソ連が独英戦に乗じてルーマニアを占領した場合、戦争になり得るとの前提で、それを阻止する三つの対策を記している。第一の策は、ドイツ軍を展開させ、その圧力でソ連を引き下がらせる。第二の策は、目標と手段を限定した戦争により、ソ連に譲歩を強いる。そして、第三の策として「モスクワへの進軍」、すなわち、対ソ全面戦争も挙げられていたのであった。

このような経緯をみれば、ハルダーをはじめとするドイツ陸軍の参謀たちが、ソ連の脅威に対応する策を練っているうちに、対ソ侵攻も辞さずとのコンセンサスを固めていったことは明白だ。彼らは、戦後の証言とは逆に、ヒトラーが開戦を決意し、命令を下す以前から、ソ連侵攻の準備を進めていたのである。

第三節　作戦計画

マルクス・プラン

一九四〇年七月二一日の会議ののち、総統も対ソ戦を考慮しているとブラウヒッチュから教えられたハルダー陸軍参謀総長は、ただちに基本計画の確定にかかった。作戦部、東方外国軍課《フレムデ・ヘーレ・オスト》、軍事地理部の部課長に作業を指示し、二六日と二七日に東方外国軍課と作戦部より、それぞれ報告を受けた。注目すべきは、このような初期段階から、侵攻地域の北と南、いずれに重点を置くかという問題について、意見が分裂していたことであろう。一方では、グライフェンベルク作戦部長が南方に強力な部隊を配するべきだと主張したのに対し、ハルダーは北方部隊がモスクワを攻略してから南方に旋回、ウクライナにある有力なソ連軍部隊を背後から衝く案を提唱した。だが、ハルダー案通りに機動すれば、実施部隊の進撃距離はおよそ一六〇〇キロにもなる。大戦初期の輝かしい勝利がもたらした、過剰な自信と非現実的な想定という悪弊が、早くも作戦計画に忍びこんでいたのである。

この間にヒトラーも決意を固めていき、二九日にＯＫＷ統帥幕僚部長アルフレート・ヨードルル砲兵大将に、来年五月にソ連を攻撃すると内示し、準備を進めよと命じた。ついで、七月三一日には、すでに述べたように、ベルクホーフの山荘で、ソ連が粉砕されればイギリスの最後の希望が潰《つい》え、ドイツは「ヨーロッパとバルカンの主人」になると、国防軍首脳部に宣告したのであった。

本会議の席上、ヒトラーは、一定の領土を奪うだけでは不充分、ソ連を一撃で屈服させるべきだとした上で、作戦の指針を示した。キエフ(現キーイウ)からドニエプル川沿いに突進する一方、バルト三国経由でモスクワめざして進む。この両部隊が南北から包囲網を完成させたのち、バクー油田地帯を狙う局地的な作戦を行う。

壮大ではあるけれども、兵站《へいたん》や兵要地誌の面から検討すれば、とうてい実行不可能な作戦であった。にもかかわらず、ハルダーは楽観的だった。ヒトラーの侵攻意志開陳に先立つ七月二九日、第一八軍参謀長エーリヒ・マルクス少将を召致したハルダーは、彼に独自の作戦案を練るよう命じたのだ。マルクス自身は当初、グライフェンベルク同様に南方の軍を強力にするほうがよいとみなしていた。が、モスクワ奪取こそがこの戦争のカギとなるのであるから、最短の道を取って同市に向かうべきだとするハルダーの主張、また、続けて伝えられた七月三一日の総統の指示を受けて、作戦計画の作成にかかる。八月五日と六日の二度にわたり、ハルダーに報告と説明を行ったのち、マルクスは対ソ作戦案を提出した。「東部作戦構想」、通称マルクス・プランである。

この作戦案では、ドヴィナ川北部、ヴォルガ川中流域、ドン川下流域を結ぶ線を到達目標とし、食糧・原料供給地であるウクライナとドニェツ川流域、軍需生産の中心地モスクワとレニングラード(現サンクト・ペテルブルグ)を占領することになっていた。マルクスは、ハルダーの希望を取り入れ、ソ連の政治的・精神的・経済的な中枢であるモスクワの奪取とそれにともなう赤軍の崩壊は、すなわちソ連の解体に至るとした。こうした目的を達成するため、主攻正面はプリピャチ湿地の北に置かれる。当該地域には良好な道路網があるから、それを活用して戦闘を進めるのが好都合と判断したのだ。この主力がヴォルガ川上流域から出てくる北部のソ連軍を殲滅《せんめつ》しつつ、モスクワを占領したあとで南に旋回する。また、主力の北翼を掩護し、レニングラードを占領するために、別の一軍が編成されるとも定められていた。

プリピャチ湿地の南は、森林が少なく戦闘には有利であるものの、道路が貧弱である上に、大河ドニエプルが機動作戦を著しく阻害すると思われるから、支攻軍のみを置く。これは、やがて南下してくる主力と協同し、ウクライナを占領する。こうした一大機動戦で敵を殲滅したあとは、ロストフ・ナ・ドヌー(ドン河畔のロストフの意。モスクワ北東に同名のロストフ市があることから、このように呼称して区別する)、ゴーリキー(現ニジニ・ノヴゴロド)、アルハンゲリスクを結ぶ線まで総進撃するものとされた。

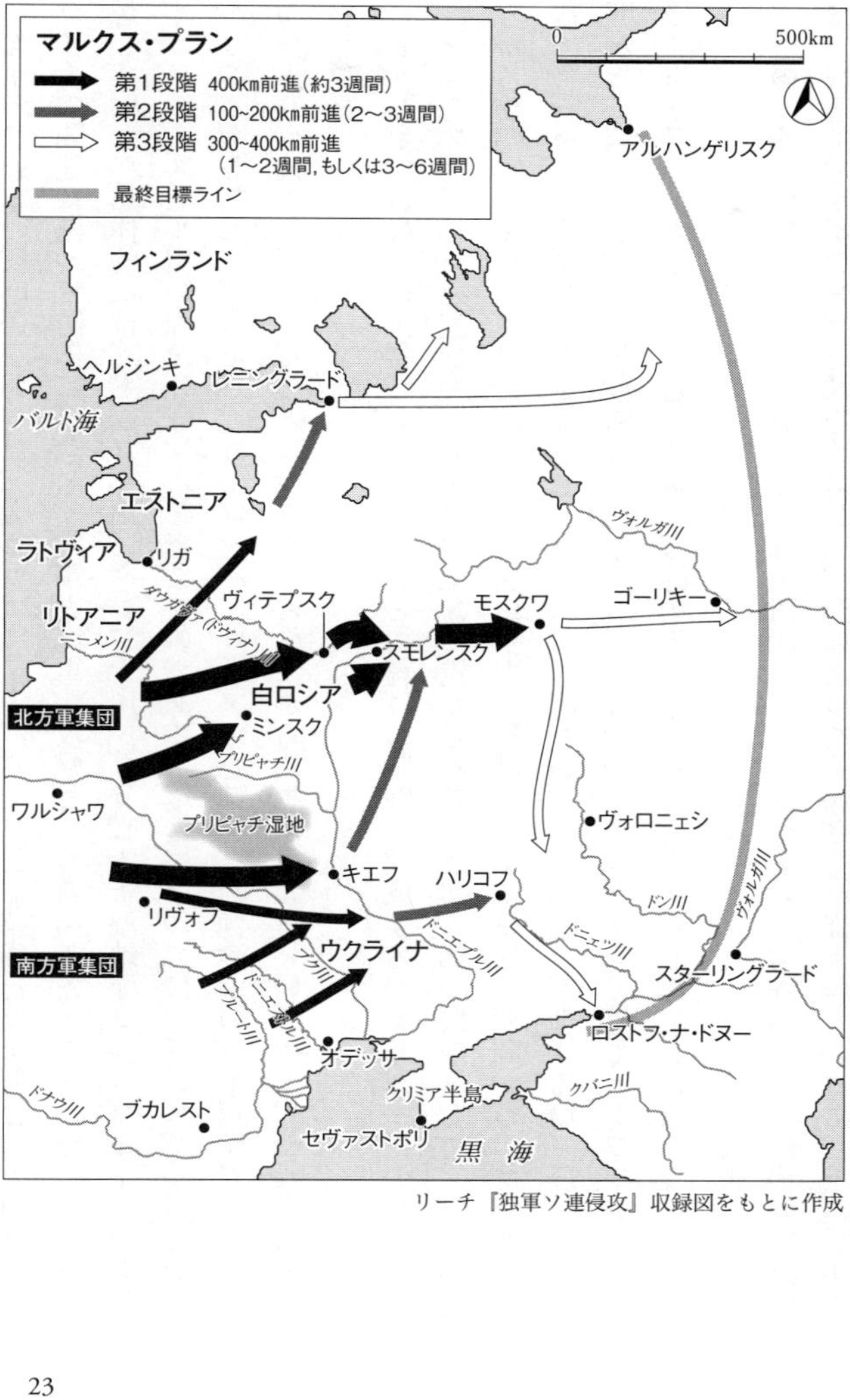

リーチ『独軍ソ連侵攻』収録図をもとに作成

対手《たいて》のソ連軍の反応については、大ロシア(ヨーロッパ・ロシア北東部の歴史的呼称)と東部ウクライナの陣地に拠って防御に専念し、空軍と海軍が攻撃してくるのみだろうと、マルクスは予想していた。具体的には、ドヴィナ川、ベレジナ川、プリピャチ湿地深奥部、プルート川もしくはドニエストル川の線を死守すると考えたのである。場合によっては、ドニエプル川まで下がることもあり得る。ただし、ヨーロッパ・ロシアの心臓部を明け渡すのは不可能だから、その線よりも後ろに退却することはできず、おのずから決戦が生じるというのが、マルクスの見解だった。

しかし、これほどの大作戦を、いったいどの程度の時間で達成するつもりだったのか。マルクス・プランを読むと、あまりの楽観に驚かされる。まず、第一段階として、攻勢発起線から約四〇〇キロの地点に進出し、ソ連軍主力を撃滅するまでに約三週間、ついで、陣地帯後方の森林や河川に拠る敵を掃討し、さらに一〇〇ないし二〇〇キロ前進する第二段階で二週間から三週間かかる。第三段階で、三〇〇もしくは四〇〇キロ進撃して、モスクワやレニングラードを奪取するには、鉄道の修復、部隊の補給や休息なども考慮しなければならないから、三週間から六週間を必要とする。ロストフ・ナ・ドヌー、ゴーリキー、アルハンゲリスクを結ぶ線の西側の地域すべてを占領するのは不可能であり、かつ必要でもない。この最後の段階では、快速部隊か歩兵師団を鉄道輸送して、要地だけを確保させればよい。これに、三週間から四週間の時間を費やす。こうした計算をもとに、マルクスは、ソ連侵攻作戦は、若干の余裕を取ったとしても、全部で九ないし一七週間で完遂されるとみていたのだった。

おのれの能力の過大評価とソ連という巨人に対する過小評価、というよりも、蔑視がなさしめたといってもさしつかえないほどに、傲慢な作戦計画であった。だが、ハルダーは、マルクスの計画案に満足し、基本的には、その構想を受け入れたのである。

ロスベルク・プラン

こうしてOKHの作戦立案が進むのと並行して、OKWでも対ソ作戦の研究がなされていた。一九四〇年七月二九日、ヒトラーから対ソ開戦意志を示されたヨードル統帥幕僚部長が、OKHとは別の視点からソ連侵攻の問題点をあぶりだすように、部下のベルンハルト・フォン・ロスベルク中佐に命じていたのだ。九月一五日、ロスベルクは「東部作戦研究」と題した報告書を完成させた。そのなかで、ロスベルクは、ソ連軍が取り得る作戦を検討している。可能性としては、以下の三つが考えられた。第一は、ドイツ軍開進時に攻勢を仕掛ける。第二は、南北両翼をバルト海と黒海で支えつつ、国境付近の陣地を固守する。第三は、国土の奥深く退却し、ドイツ軍が長大な連絡線の保持および補給の困難に苦しみだしたころに反撃を加えることであった。

第一の選択肢は、ソ連軍指導部と実施部隊の能力を考えれば、まずあり得ないとロスベルクは判断していた。粛清の痛手から癒《い》えていないソ連軍には、東プロイセンとポーランド北部に大規模な攻勢を行う力はないはずだとみたのである。もっとも蓋然《がいぜん》性が高いのは、第二の選択肢であろう。重要な資源・工業地帯を戦わずして敵手にゆだねることはできないから、ソ連軍は早期に主力を投入してくる。結果として、国境会戦が決戦となり、ドイツ軍は有利な条件で戦えるというのが、ロスベルクの見解であった。この点は、マルクスと同様だ。ロスベルクにとっての悪夢は、ソ連軍が第三の選択肢を採用した場合だった。一部の兵力でドイツ軍の攻撃を支えつつ、主力はドヴィナ川とドニエプル川という大河に頼って、強力な防御陣地を構築する。そんな事態は、何としても避けなければならないと、ロスベルクは提言していた。

このような前提にもとづき、兵力配分を計画するにあたって、主攻正面がプリピャチ湿地北方に置かれたのは、マルクス・プランと一致している。ただし、ロスベルクの企図は、北に二個軍集団を配し、南側の軍集団に快速部隊を集中してモスクワに突進させる一方、北側の軍集団は東プロイセンから進撃して、ソ連軍北翼を寸断、孤立させるというものであった。プリピャチ湿地の南方には、総兵力のおよそ三分の一を投入、ポーランド南部から東および東南に前進する。北の二個軍集団と南の一個軍集団は、それぞれの前面にいるソ連軍を捕捉・撃滅しつつ、プリピャチ湿地の東で手をつなぎ、全戦線にわたって攻撃を遂行することとされた。最終

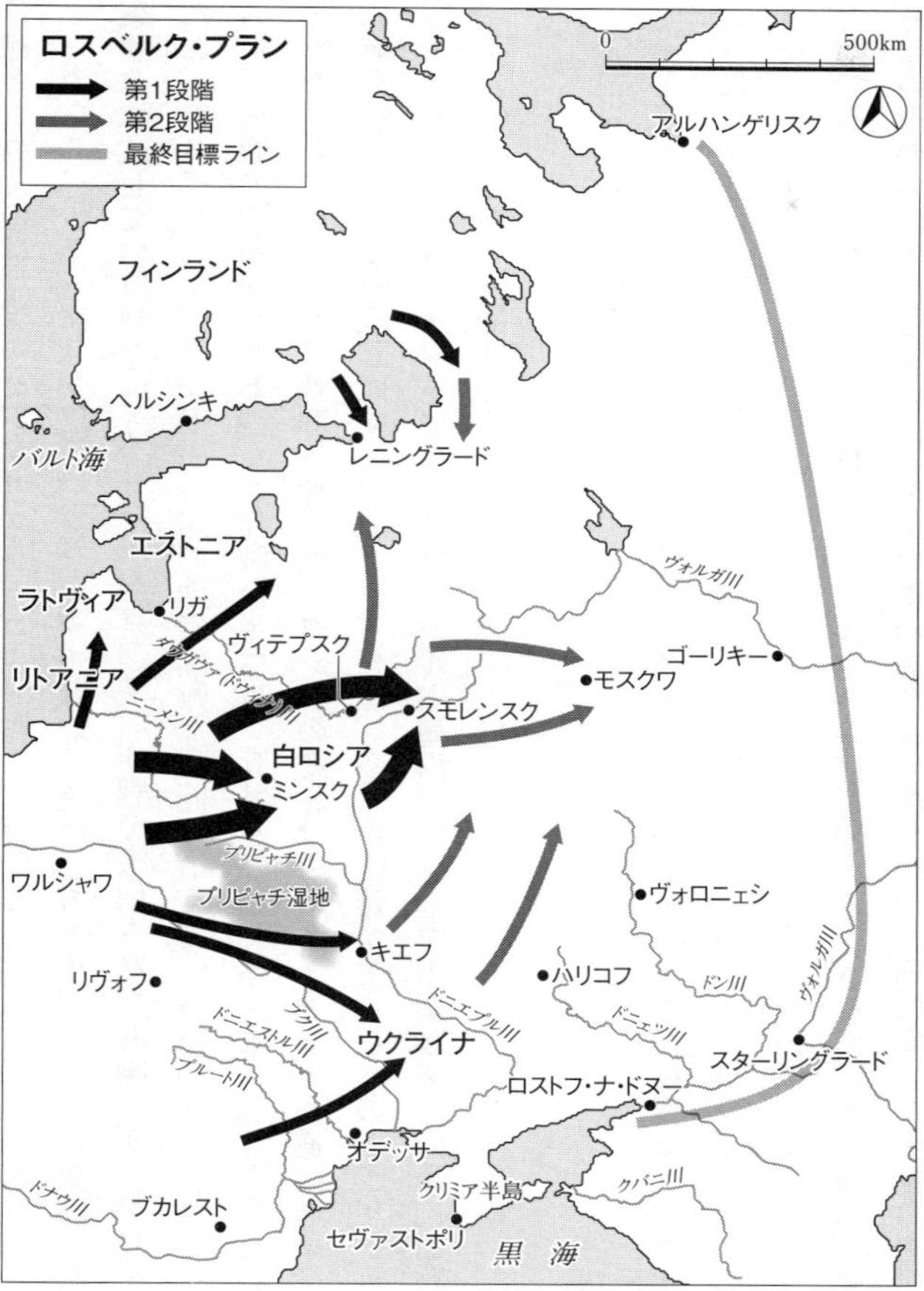

リーチ『独軍ソ連侵攻』収録図をもとに作成

目標とされたのは、アルハンゲリスク、ゴーリキー、ヴォルガ川、ドン川を結ぶ線であった。

このロスベルク・プランには、プリピャチ湿地の北に北方軍集団と中央軍集団、南に南方軍集団を配置しての攻勢という、「バルバロッサ」作戦で実現された計画の萌芽を見て取れる。なお、ロスベルクが、バルト海沿岸の地形困難な正面に敢えて一個軍集団を投入すべしとしたのは、交通の問題ゆえであった。作戦後半には、兵站を鉄道に頼らなければならない。が、ドイツを含むヨーロッパの軌間は標準軌、ロシアのそれは広軌とあって、鉄道輸送を行うためには、逐次レールを敷設し直す必要があり、当然、多大な困難が生じるものと予想されたのである。ゆえに、ロスベルク・プランでは、バルト海沿岸の諸港を占領して、海上補給路を確保し、陸路の輸送力不足を補う必要があると見込まれていた。

「バルバロッサ」作戦

一九四〇年九月三日、ハルダーは、マルクス・プランほかの作戦案を調整し、まとめあげるように、新任の陸軍参謀次長フリードリヒ・パウルス中将に命じた。パウルスは、のちに第六軍司令官に就任、スターリングラード(現ヴォルゴグラード)で降伏を余儀なくされることになる人物であるが、むろん、この時点では、優秀な参謀将校とみなされていた。彼は、モスクワこそが最重要の目標だとするハルダーの指示を念頭に置きつつ、作戦案と兵力配分の精査にとりかかり、マルクス・プランでは総予備に編入されていた師団群の多くを、各軍集団に配分した。このパウルスの計画草案は、一〇月二九日にハルダーに提出される。

ついで、パウルスは計画の実効性を試験するため、一二月二日、三日、七日と、三回の図上演習を実施した。二日と三日の図上演習では、ミンスクとキエフを結ぶ線に到達するまでの作戦が検討され、その結果は、ただちに計画草案に組み込まれた。南方軍集団は地形の困難等に鑑み、ルーマニアではなくポーランド南部に主力を置く。中央軍集団には、ミンスク付近の包囲戦とその後の装甲部隊の突進を支えるため、歩兵師団を多数配置する。北方軍集団は、中央軍集団の左翼を掩護しながら、バルト三国の占領にあたる(正確には、三個の軍集団は、A、B、Cの仮称のままだったが、わかりやすくするために、実際に採用された「北方軍集団」「中央軍集団」「南方軍集団」の名称を用いて記述した)。

さらに七日の図上演習を経て、ロガチェフ、オルシャ、ヴィテプスク、ヴェリキエ・ルーキ、プスコフ、ペルノフを結ぶ線まで到達したのち、部隊の休養・補充と補給線整備のために、およそ三週間の停止期間を置き、しかるのちにモスクワ攻略を開始するとの構想が固まった。それは、開戦から四〇日目のことになろうと想定された。かかる内容から読み取れるように、対ソ作戦計画は、現実に遂行された通りのかたちに近づいていた。

だが、パウルスの図上演習が終了する直前、一二月五日にＯＫＨの作戦企図が報告された際、ヒトラーは、のちのちまで問題とされる判断を述べた。モスクワの早期占領はハルダーが主張するほど重要ではないとし、中央軍集団を強化して、大包囲殲滅戦を実行させたあと、北と南にそれぞれ旋回させて、バルト三国とウクライナでも敵を包囲撃滅するとの構想を示したのである。その過程でソ連軍主力が消滅したのちには、モスクワはおろか、ヴォルガ川やゴーリキー、アルハンゲリスクまでも跳躍できるであろうと、ヒトラーは論じた。

ハルダー陸軍参謀総長が戦後主張したこととは逆に、ＯＫＨは唯々《いい》諾々《だくだく》として、ヒトラーの指示を受け入れ、作戦草案を修正した。ブラウヒッチュやハルダーに好意的な見方をすれば、作戦が実行されれば、モスクワを最優先の目標とするよう、総統を説得できると高をくくっていたのかもしれない。けれども、このとき、二重三重の目的を同時に追うという、しばしば批判される「バルバロッサ」作戦の欠陥が計画に組み込まれたのはたしかであった。

ともあれ、こうしてＯＫＨの作戦草案は修正され、一二月一八日には、前述した総統指令第二一号が発令された。その冒頭には、「ドイツ国防軍は対英戦終了以前の段階であろうと、ソヴィエト・ロシアを速やかに打倒するための準備を整えなければならない（バルバロッサ一件）」との有名な文言が置かれている。続いて、一九四一年一月三一日には、具体的に作戦の詳細を指示した「バルバロッサ作戦開進訓令」が下達された。これらは、モスクワか、それ以外の目標かという優先順位のあいまいさ、実施部隊が強いられる過剰な負担、兵站の困難など、さま

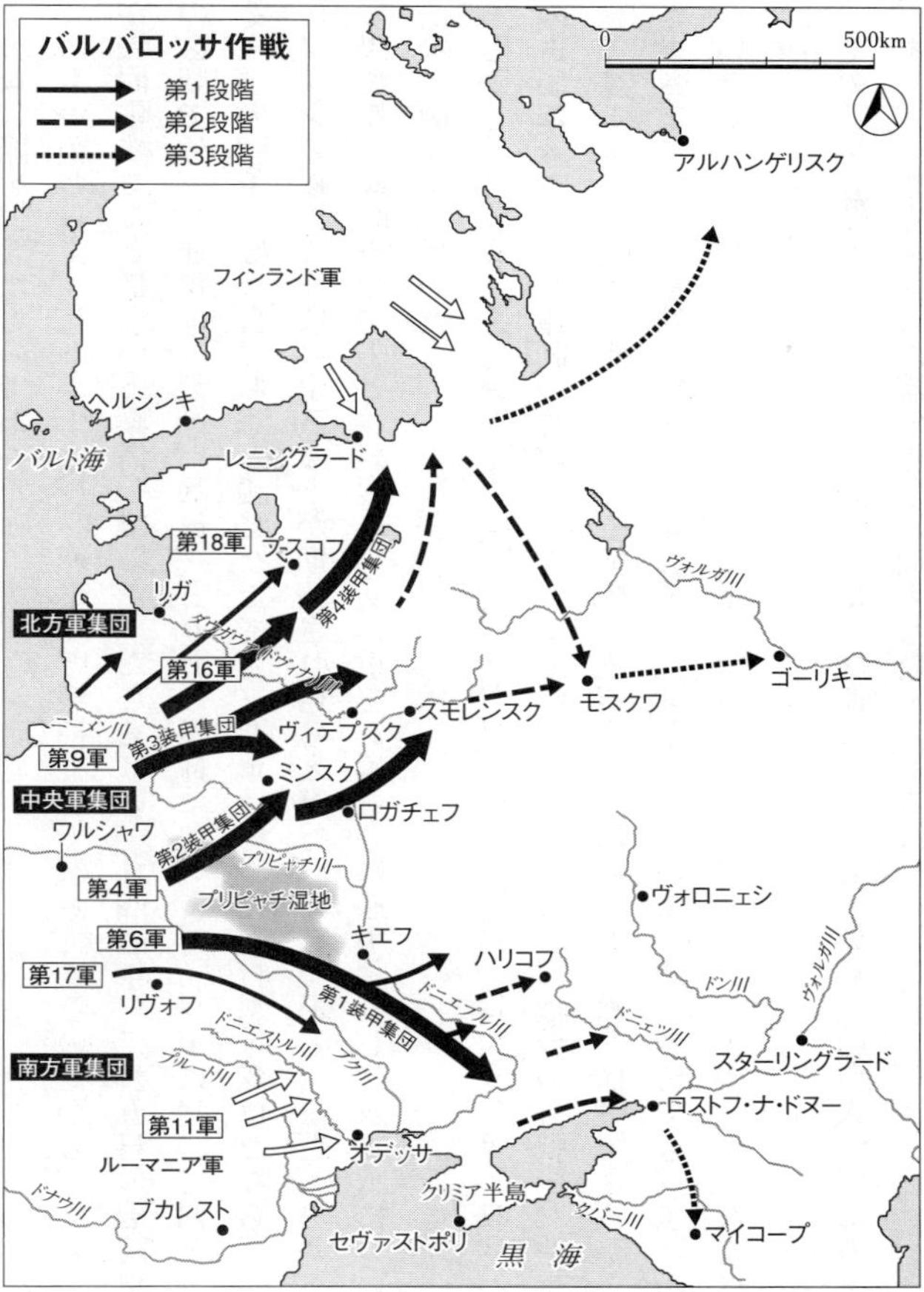

リーチ『独軍ソ連侵攻』収録図をもとに作成

ざまな欠陥を抱えたものであった。

にもかかわらず、ヒトラーは、ソ連軍など鎧袖一触《がいしゅういっしょく》で撃滅できるのだから、そのような問題が表面化することはないと確信していた。たとえば、一九四〇年一二月五日の国防軍首脳部との会談では、ソ連軍は、装備、兵員、とりわけ指揮においてドイツ軍に劣っており、現時点こそ東部の戦争に好都合であると論じた上で、ソ連軍はいったん打撃を受けたなら、一九四〇年のフランス以上の崩壊に至ることが期待され得ると発言したのである。また、ハルダー以下の参謀将校も、戦後の主張とは裏腹に、ソ連軍を質量ともに過小評価し、対ソ戦についても楽観的な判断を下していた。

しかし、ここまでみてきたように、「バルバロッサ」作戦は、はたしてヨーロッパ・ロシアの占領はスターリン体制の瓦解《がかい》につながるのか、一度、あるいは複数の会戦でソ連軍主力を撃滅できるのか、長大な距離にわたる機動を維持するための兵站態勢を構築できるかといった、さまざまな問題を真剣に検討しないままに立案された、純軍事的に考えても、ずさんきわまりない計画にすぎなかった。ドイツの将軍や参謀は、プロフェッショナルとしてなすべき、醒《さ》めた敵情判断さえも怠っていたのだ。

その結果、ヒトラーとドイツ国防軍は、ソ連軍は「頭のない粘土の巨人」であると思い込んだまま、人類史上最大規模の戦争に突入したのである。

第二章　敗北に向かう勝利

第一節　大敗したソ連軍

驚異的な進撃

六月二二日の正午少し前、ラジオからモロトフが演説を行うと報じてきたときには、心臓が止まりそうになりました。ドイツが攻撃してきたとわかったからです。私やほかの子供たちは、すぐに通りに飛び出していきました。強力なラウドスピーカーが外に据えられていて、人々がもう集まってきています。誰もが息を呑み、ヴャチェスラフ・モロトフが何を言うのかと、待ち構えていました。そして、モロトフがしゃべりはじめました。「本日午前四時、バルト海から黒海に至る全正面で、ドイツ軍が国境を越え、前進している」というようなことでした。〔中略〕最初は、まったくの沈黙があるだけで、文字通り、蝿の羽音までも聞き取れるほどだったのです。〔中略〕私が、住まいのある一角に戻ると、そこでも、たくさんの女の人が泣いていました、みんな、徴兵年齢に達したか、すでに軍で勤務している息子がいたためです。

当時少年だった、あるスモレンスク市民が回想したその日は、ヨーロッパ・ロシアの多くの地域が好天に恵まれた日曜日であった。この、何もなければ、輝かしい初夏の一日となったことであろう一九四一年六月二二日の午前三時一五分に、ナチス・ドイツはソ連邦への侵略を開始したのである。総兵力はおよそ三三〇万。かかる大軍がバルト海から黒海までのほぼ三〇〇〇キロにおよぶ戦線で、いっせいに攻撃にかかったのだ。

すでに前章「作戦計画」の節でみたように、東部戦線のドイツ軍、すなわち「東部軍《オストヘーア》」は、三個の軍集団に分けられている。北から南に、北方軍集団、中央軍集団、さらに南方軍集団が展開していた。

ここで、当時のドイツ軍の編制単位について、解説しておこう。作戦の最小単位となるのは、建制で約一万八〇〇〇の兵員からなる「師団」であった。師団二個ないし四個を組み合わせて「軍団」とする。「軍」は、この軍団二個ないし四個を指揮下に置く。さらに軍三個ないし四個が、上級指揮単位である「軍集団」の麾下に入った。

ただし、ドイツ軍の打撃力の中核をなす快速部隊については別に、装甲師団や自動車化歩兵師団二個ないし三個を集めた「自動車化軍団」(のちに「装甲軍団」に改称)が編成されていた。これらを指揮する上部組織が、「装甲集団《パンツァーグルッペ》」(装甲師団や自動車化歩兵師団などを編合した団隊)である。実質的には、「軍」規模の団隊であるが、自前の補給追送機関を持たず、最寄りの軍に頼るという欠点があったため、一九四一年末から一九四二年にかけて、「装甲軍」に改編された。

一方のソ連軍は、複数の師団を編合して、「軍」とするのが常であった。複数の軍を麾下に置く指揮単位が「正面軍《フロント》」である。戦車師団等の機動戦力は、機械化軍団に編合され、正面軍に直属した。独ソ開戦時の両軍の戦闘序列については、左表を参照されたい。

緒戦におけるドイツ軍の進撃は驚異的であり、得られた戦果も膨大なものであった。まずドイツ空軍が、スターリンが警戒措置を取ることを許さなかったこともあって、国境地帯に配置されていたソ連空軍を奇襲することに成功、多数を地上ないしは空中で撃破して、航空優勢を握った。

陸では、北方軍集団がバルト海沿岸地域を猛進し、開戦五日目には、ラトヴィアの首都で重要な港であるリガ市内に突入する。中央軍集団、なかでも、その先鋒となった第二および第三装甲集団の進撃もめざましく、ほぼ開戦一週間でソ連領内四〇〇キロの地域まで突入していたのである。中央軍集団は同時に、ソ連西正面軍の主力を包囲撃滅、七月初旬までに捕虜三二万を得ていた。

このような巨大な勝利に、ヒトラーと国防軍首脳部は、ソ連恐るるに足らずという自分たちの判断が正しかったものと確信した。たとえば、ヒトラーは、一九四一年七月四日に「敵はも

開戦時の独ソ両軍の戦闘序列

枢軸軍

- 在ノルウェー・ドイツ軍
- フィンランド軍
- 北方軍集団
  - 第16軍
  - 第18軍
  - 第4装甲集団
- 中央軍集団
  - 第4軍
  - 第9軍
  - 第2装甲集団
  - 第3装甲集団
- 南方軍集団
  - 第6軍
  - 第11軍
  - 第17軍
  - 第1装甲集団
  - ルーマニア第3軍
  - ルーマニア第4軍

ソ連軍

- 北正面軍
  - 第7軍
  - 第14軍
  - 第23軍
  - 第1機械化軍団
  - 第10機械化軍団
- 北西正面軍
  - 第8軍
  - 第11軍
  - 第27軍
  - 第3機械化軍団
  - 第12機械化軍団
  - 第5空挺軍団
- 西正面軍
  - 第3軍
  - 第4軍
  - 第10軍
  - 第6機械化軍団
  - 第11機械化軍団
  - 第13機械化軍団
  - 第14機械化軍団
  - 第17機械化軍団
  - 第20機械化軍団
  - 第4空挺軍団
  - 第13軍(司令部のみ)
- 南西正面軍
  - 第5軍
  - 第6軍
  - 第12軍
  - 第26軍
  - 第4機械化軍団
  - 第8機械化軍団
  - 第9機械化軍団
  - 第15機械化軍団
  - 第16機械化軍団
  - 第19機械化軍団
  - 第22機械化軍団
  - 第24機械化軍団
  - 第1空挺軍団
- 南正面軍(6月25日編成)
  - 第9軍
  - 第18軍
  - 第2機械化軍団
  - 第18機械化軍団
  - 第3空挺軍団
- 赤軍大本営予備
  - 第16軍
  - 第19軍
  - 第20軍
  - 第21軍
  - 第22軍
  - 第24軍
  - 第5機械化軍団
  - 第7機械化軍団
  - 第21機械化軍団
  - 第25機械化軍団
  - 第26機械化軍団

David M. Glantz/Jonathan M. House, *When Titans Clashed*, revised and expanded edition, 2015, p. 35 より作成

う、この戦争に負けたも同然である。われわれが、最初にロシアの戦車部隊と空軍を撃破できたことがよろしい。ロシア人はもはや、それらを補充できない」と発言している。ハルダー陸軍参謀総長も、同じころ、「ロシア戦役は二週間のうちに勝利した」と豪語していた。

実情に合わなかったドクトリン

ソ連軍がこうした大敗を喫した理由としては、繰り返し述べてきたように、スターリンが無数の警告を無視して、警戒措置を取らせなかったことが大きい(国境地帯のレニングラード、バルト、西特別、キエフ特別、オデッサの各軍管区に戦闘準備が命じられたのは、開戦前日の六月二一日であった)。しかしながら、作戦・戦術レベルでは、ソ連軍のドクトリンが、一九四一年六月二二日に発生した状況に、まったく合致していなかったことが、より深刻だった。

この問題を論じる前に、軍事用語でいうところの「ドクトリン」とは何かについて、戦史・用兵思想史を研究していた片岡徹也の定義を引いておこう。「ドクトリン(Doctrine)は軍事行動の指針となる、公に認められた根本的な原則である。つまりドクトリンは編制や装備、教育訓練や指揮のあり方、戦いの進め方について土台となる、軍中央部によって編纂(開発)、認可され、当該の軍隊に共有化された思想のことである」。つまり、ドクトリンとは、軍隊のあり方、作戦・戦闘の遂行を規定する基本原則だといえよう。

それでは、独ソ開戦当時のソ連軍のドクトリンとは、どのようなものであったろうか。

ロシア内戦と外国の干渉が終わり、ひとまず平和を得たものの、新生ソ連が置かれた戦略的な状況は、きわめて困難なものだった。世界最初の社会主義国は、資本主義諸国、すなわち、潜在的な敵国に囲まれており、彼らとの戦争は避けられないと考えられていたのだ。来たるべき戦争は、決戦によって帰趨が定まるのか、長引く消耗戦になるのか。攻勢を取るべきか、防御に頼るべきか……。赤軍の創設者たちは脳漿《のうしょう》を絞り、けんめいに答えを求めた。

ソ連にとっては幸いだったことに、この時期のソ連軍は、アレクサンドル・A・スヴェーチンやトゥハチェフスキー、ヴラジーミル・K・トリアンダフィーロフといった、卓越した軍事思想家を輩出していた。彼らは激しい議論を繰り返し、戦略と作戦を結びつける「作戦術」を完成させた（本書後段で詳述する）。また、戦略の大原則として攻勢主義を選び取り、その手段となる作戦の遂行に関しても、敵の最前線から後方までを、砲兵や航空機、機動戦力によって、同時に制圧する「縦深戦」理論を練り上げていた。

こうした思想を反映して発布された一九三六年版「赤軍野戦教令」をみよう。これは、当時の世界の軍事筋を驚倒《きょうとう》させた、きわめて進歩的な内容を有しており、独ソ開戦時のソ連軍も、本教令に従って動いていたのである。

「攻撃はあらゆる戦闘資材の協調により、同時に敵の防御配備の全縦深を制圧する主義によ

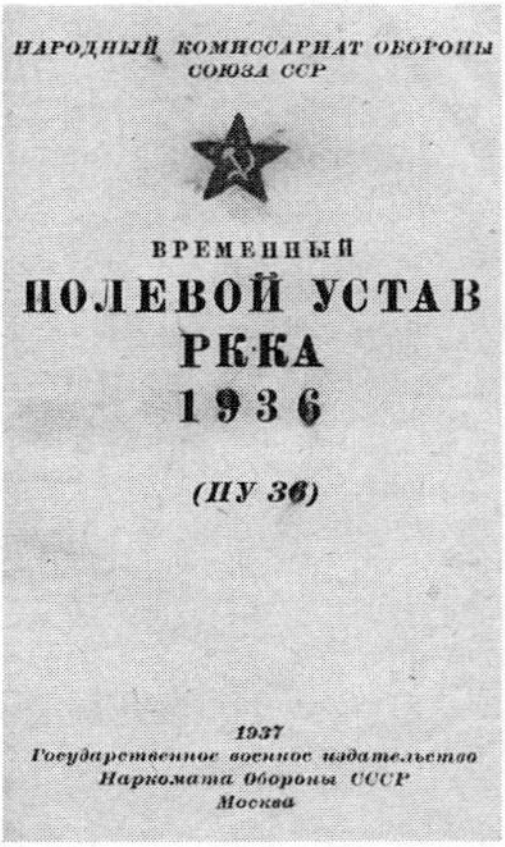

赤軍野戦教令(1936年版)

って指導せらるべきである」(第一六四条)。また、「現代における資材の進歩は、敵の戦闘部署の全縦深にわたり同時にこれを破摧《はさい》する可能性を与えた。迅速なる兵力移動・奇襲的迂回および退路遮断による急速な後方地区の占領はいよいよその可能性を増大した」(第九条)とも喝破《かっぱ》されている。まさに機械化部隊こそ、かかる後方への機動にはうってつけであった。「機械化兵団は戦車、自走砲兵及び車載歩兵より成り、独立又は他兵種と協同して独立任務を遂行することを得」、「その特性は行動の機動力と強大なる火力と威大なる打撃力とを備うる点にあ」るからだ(第七条)。

しかし、いかに卓抜なドクトリンといえども、作戦・戦術的な環境に適合していなければ、機能し得ない。もし、大粛清がなく、作戦を差配する高級将校や現場の指揮を執る下級将校が健在であったなら、ソ連軍も、このドクトリンを使いこなし、一九三八年以来の第三次五か年計画による物的軍備の充実と相俟って、ドイツ軍に痛打を与えることができたかもしれない。だが、むろん、そうはならなかった。

独ソ開戦時のソ連軍指揮官には、自らの作戦・戦術能力の程度にかかわらず、たとえ防御戦を強いられる場合でも反撃を決行し、事態を転回させるという原則のみが習い性になっていたのである。

前出の「赤軍野戦教令」には、「移動防御にありては縷々《るる》展開中の敵に短切なる打撃を加え、あるいは無謀に前進する敵を邀撃《ようげき》する等あらゆる好機を利用すること肝要なり」(第二五六条)、「機械化兵団及び戦略騎兵(もし存在せば)の一部は、敵追撃縦隊の側面及び背面に打撃を加うるために使用せらる」とある。一般原則としては、まったく正しい。

しかし、ドイツの侵攻を受けた時点でのソ連軍は、このような反撃や逆襲を遂行し得る練度になく、将校の指揮能力も貧弱だった。また、戦車や大砲といった正面装備は充実していても、それを機能させるための通信・整備のインフラストラクチャーは、劣悪な状態にあった。このような軍隊を以てする反撃は、敵に損害を与えるどころか、自滅的な作用をおよぼすことになる。事実、緒戦において、ソ連軍は、結果的には無謀というしかない攻撃を繰り返し、貴重な機械化部隊を減衰《げんすい》させた上に、ドイツ軍に乗じられていく。

そうした実例は無数にみられるが、ここでは、代表的なケースを一つだけ挙げることにしよう。

センノの戦い

かつて、史上最大の戦車戦といえば、一九四三年のクルスク会戦中に生起したプロホロフカの戦いであるということは、戦史に関心のある者にとっては常識だった。だが、冷戦終結とソ連崩壊後に機密解除された文書をもとにした研究が進むとともに、現在では、「バルバロッサ」作戦の初期段階ですでに大規模な戦車戦が展開されていることがあきらかにされ、そのなかには参加戦車数でプロホロフカをしのぐものもあったことが証明されている。

センノの戦いも、その一つである。六月二二日の開戦以来、ドイツ中央軍集団は、圧倒的な勢いで東進していた。当初、防衛にあたっていた西正面軍の主力を撃破されたソ連軍としては、モスクワに向かう街道上の要衝スモレンスク前面に、動員した予備軍を投入、戦線構築をはかるほかない。が、そうして防衛線を安定させるには時間が要る。それを稼ぐために、西正面軍の指揮下に入った第五および第七機械化軍団を使った反撃を実行することが決まった。この両軍団が、狙撃師団(ソ連軍における伝統的な歩兵師団の呼称)群がかろうじて張った戦線を出撃陣地として、反撃を仕掛けることになっていた。

いずれの軍団も、そのころのソ連軍としては最強部隊の範疇《はんちゅう》に属する。一個機械化軍団は、二個戦車師団、一個自動車化狙撃師団、一個オートバイ連隊と、ほか多数の支援部隊から成っており、これら麾下の師団は、数的にはドイツ軍の装甲師団以上の戦力を有していた。第七機械化軍団の指揮下にあった第一四戦車師団を例に取ると、総計で戦車二五二両を有し、しかも、そのうち、二九両が新型のT-34戦車、二九両はKV重戦車であった。

ただし、この強大な機甲兵団を率いる指揮官の質はというと、いささか心もとない。両機械化軍団長は、いずれも革命後に一兵卒として赤軍に入隊、内戦で下士官から下級将校へと進んでいった叩き上げの軍人ではあった。この二人のうち、第五機械化軍団長は、一九三九年のノモンハン戦で戦車旅団を率いたり、独ソ開戦前に第一七戦車師団長を務めた経歴を有している。ところが、第七機械化軍団長には、大規模な機械化部隊を指揮した経験がまったくなかった。

こうした未熟さや錬成不足が危惧されるのは、軍団長だけではない。センノ戦に関する新しい研究によれば、独ソ両軍の軍司令官、軍団長、師団長の平均年齢を比べると、ソ連軍のほうが一一歳若かったという。このような年齢差が、大粛清によるソ連軍の人材不足によるものであったことはいうまでもない。

自壊する攻撃

加えて、反撃を実行する西正面軍のチームワークは、他ならぬソ連軍の最高司令官によって、ずたずたにされていた。スターリンは、緒戦に敗れたのは、西正面軍の高級指揮官が敵に通じていたためだというフィクションをでっちあげ、生け贄の羊を捧げたのである。六月三〇日には、西正面軍司令官ドミトリー・G・パヴロフ上級大将を解任して、モスクワに召喚、「人民の敵」として処刑した。正面軍空軍司令官代理、同砲兵部長、同通信部長ほかも、続いて逮捕される。こんな状況では、誰もが疑心暗鬼に陥り、戦友すら信用しなくなったとしても、何の不思議もなかった。

七月五日、西正面軍は、対手であるドイツ第二装甲集団の右翼と左翼のあいだに生じた間隙部に、第五および第七機械化軍団を差し向けた。しかし、この一挙は、大粛清後のソ連軍に内在していた欠陥を暴露することになる。計画通りに、両機械化軍団の攻撃準備を整えることができなかったのだ。第七機械化軍団は、書類上は一〇〇〇両もの戦車を保有しているはずだった。けれども、都市防衛に戦車二〇両、狙撃師団の支援に四〇両、軍司令所防衛に一個戦車大隊というように兵力を分散していたために、攻撃当日に集められた戦車は、定数の半分以下、四四八両にすぎなかったのである。また、損傷を受けた車輛を回収する手段もごくわずかでしかなかったから、いざ戦闘に突入すると、損傷車輛の多くを戦場に遺棄することになった。一方、第五機械化軍団も集結が遅れ、補給部隊の多くが到着していない。さらに、両軍団ともに、無線装備が劣悪で、通信連絡には大きな困難があった。

このように、いわば、強いこぶしを持ちながら、足腰が貧弱だったソ連機械化軍団の攻撃は、惨憺《さんたん》たる結果に終わった。攻撃開始翌日の七月六日に、目標である交通の要衝センノを占領し

緒戦の大敗はソ連軍に莫大な人的・物的被害をもたらした

たものの、右のような事情により戦力を分散させてしまった両機械化軍団は、ドイツ軍に難なく阻止されてしまう。結局、七日から九日にかけて、ドイツ軍の反撃を受けた第五および第七機械化軍団は、包囲の危険にさらされ、後退を強いられることになる。一一日の時点で、第七機械化軍団は戦車三九〇両、第五機械化軍団は戦車三六六両を喪失していた。

戦後、ソ連の戦史研究は、防衛線を再構築するための貴重な時間を稼ぎ、侵略者に多大な損害を与えたものとして、センノ戦における赤軍を称賛してきた。しかし、そうした評価は、政治的な歪曲でしかなく、軍事的にみるならば、センノの反撃は、ドイツ軍の作戦を遅滞させることすらできなかったのだ。

独ソ戦初期において、ソ連軍は、このセンノの戦いに象徴されるように、攻撃偏重のドクトリンを固守し、指揮官の能力、兵站、整備、通信といったさまざまな欠陥を無視した反撃を行い、自壊ともいうべき大損害を出した。スターリンが警戒措置を取らず、奇襲を受けたことと並んで、あるいは、それ以上に、かような失敗が緒戦の大敗を招いたものといえよう。ソ連軍は、量はともかく、質的には大粛清の痛手から回復していなかったのである。

その弱体さがもたらした災厄には、すさまじいものがあった。ドイツ中央軍集団の矢おもてに立ったソ連西正面軍には、開戦時に六二万五〇〇〇の兵力があったが、七月九日までに、四一万七七二九名の戦死者、戦傷者、捕虜を出し、戦車四七九〇両を失った。北西正面軍も同時期に、総兵力四四万のうち、八万七二〇八名を喪失している。しかし、これはまだ序の口だった。独ソ戦全体で、およそ五七〇万ものソ連軍将兵が捕虜になったのだ。彼らが、ナチズムの「世界観」ゆえに嘗《な》めることになった悲惨については、次章で詳述しよう。

第二節　スモレンスクの転回点

「電撃戦」の幻

しかし、ソ連軍に潰滅的な打撃を与えたのは、その質的劣勢ばかりではない。対手となったドイツ軍が、当時としては卓越した戦い方、「電撃戦」を実施したことも、むろん看過できないことだろう。

一般的な歴史書等では、往々にして、「電撃戦」とは、戦車と航空機を集中して戦線を突破、敵軍を包囲する戦法であると解説する。表層的には間違いではないが、ことの本質をあいまいにする定義であるというほかない。そもそも、すでに述べたような意味で、「電撃戦」を規定したドクトリンなど、ドイツ軍にはなかったのだ。この点について、一九四〇年の西方作戦研究の古典となった『電撃戦という幻』を著したドイツの軍事史家カール＝ハインツ・フリーザーは、「電撃戦」という単語自体、第二次世界大戦前半の一連の戦役ののちに、外国のジャーナリスト、あるいはプロパガンダ当局が用いはじめたもので、軍事用語ではなかったことを解明している。

それでは、一九四〇年のベネルクス三国およびフランスへの侵攻、一九四一年のバルカン作戦や対ソ戦序盤において猛威を振るった、ドイツ軍の作戦・戦術の核心は、いかなるものだったのだろうか。

多くの軍事史家は、「電撃戦」の起源は、第一次世界大戦中に完成された「浸透戦術」にあったとしている。これは、機関銃や火焔放射器、大型手榴弾などで武装し、自主独立の行動が取れる指揮官に率いられた「突進部隊《シュトーストルッペ》」が、敵陣地に突入後、側背を顧みずに突進、指揮、通信、兵站上の要点を覆滅、相手の抗戦能力をマヒさせたところで、後続の通常部隊に残存する敵部隊を撃滅させるという戦術だ。ドイツ軍は、第一次世界大戦末期には、かかる戦術を作

ドイツ軍装甲部隊の「突進」を受け，撤退するイギリス大陸派遣軍．1940 年ダンケルク．gettyimages

戦次元に拡張し、「突進《シュトース》」部隊として指定した師団により敵陣地を蚕食、混乱した敵を通常師団で撃滅するという方策も取っている。

この浸透戦術は、近代以降、巨大化し、迅速充分な通信・補給能力を不可欠とするようになった軍隊の弱点を衝く戦法であった。たとえるなら、いかなる巨人であろうとも、神経や血管を断たれれば、存分に腕力を振るうことはあたわぬ。軍隊も同様で、通信線や補給線を切られたなら、兵力としては存在していても、戦力として有機的に機能することは不可能となる。

こうした用兵思想を受け継いだドイツ国防軍が、戦車や航空機を応用し、より強大な効果を得られるようにしたのが、「電撃戦」と呼ばれる作戦様態だった。ドイツ軍は、戦車や航空機のために新しいドクトリンを開発したのではなく、時代に先んじた用兵思想に、それら、新時代の装備を組み込んだ。つまり、第一次世界大戦の浸透戦術における突進部隊の代わりに装甲・自動車化歩兵師団を用い、敵部隊の撃滅や敵地占領は、やはり通常の歩兵師団の任であるとしたのである。

その結果は、世界を瞠目《どうもく》させることになった。陸軍大国フランスをはじめとする各国の軍隊は、ドイツ軍装甲部隊の「突進」によって、指揮や補給のインフラストラクチャーを覆滅され、マヒしたところを、各個撃破されていった。

独ソ戦緒戦のソ連軍も例外ではない。しかし――万能の処方箋《しょほうせん》であったはずの「電撃戦」は、ロシアの大地においては、必ずしも決定打とならないことが、しだいにあきらかになる。

ロシアはフランスにあらず

すでにみたように、「バルバロッサ」作戦の構想を練るにあたり、ヒトラーと国防軍指導部は、ある一点において、完全に一致していた。それは、可能な限り独ソ国境の近く、ヨーロッパ・ロシアの西部において、ソ連軍主力を撃滅し、奥地への撤退とそこでの抵抗を許さないということである。たとえば、ロスベルク・プランには、「対ソ戦役の目標は、西部ロシアに有るソ連の大軍を撃滅し、戦闘能力ある部隊がロシアの奥深く撤退するのを阻止することにある……」と記されている。

ごくわずかな例外を除き、ドイツ軍の将校たちは、さほど難しい課題とは思っていなかった。ソ連軍もまた、一九四〇年のフランス軍同様に、ドイツ軍装甲部隊によって寸断され、通信・

兵站線を切られてマヒし、後続の歩兵に手もなく撃滅されてしまうにちがいない。フランスに対する電撃的勝利によって、彼らは自らの能力を過信するようになっていた。また、第一次世界大戦の緒戦でロシアの大軍を殲滅したタンネンベルク会戦以来の質的優位の確信、いわゆる「タンネンベルク神話」も、ドイツ国防軍将校の傲慢とさえいえる認識をつよめるのに一役買っていた。

だが、ドイツ軍将兵は、「バルバロッサ」作戦が開始された直後から、ロシアはフランスではないと思い知らされることになる。指揮系統を混乱させられ、補給路を断たれても、現場のソ連軍部隊はなお頑強に戦いつづけたのだ。開戦初日、六月二二日付のドイツ第三装甲集団戦時日誌をみよう。「敵が現れたところでは、彼らはすべて頑強かつ勇敢に、死に至るまで戦っている。いかなる地点においても、脱走兵や降伏を申し出る者があったとの報告はない。ゆえに、この戦いは、ポーランド戦や西方戦役よりも厳しいものとなろう」。

ドイツ中央軍集団に所属する第四三軍団の長、ゴットハルト・ハインリーチ歩兵大将も、六月二四日付の家族宛私信で、こう洩らしていた。「〔ソ連兵〕は、フランス人よりもはるかに優れた兵士だ。極度にタフで、狡知《こうち》と奸計《かんけい》に富んでいる」。

事実、包囲され、取り残されたソ連軍の抵抗や反撃は無視できないレベルのものだった。たしかに、そうした攻撃は、いずれも小規模かつ散発的であったし、多くの場合、大損害を出して撃退されるようなものではあったが、ドイツ軍はそれらに対応せざるを得ず、そのぶん進撃は遅れた。加えて、ドイツ軍の損害も、個々の戦闘ではわずかな程度にとどまっていたとしても、ひっきりなしの小競り合いによって積み重なっていけば、とうてい看過できない規模に達する。

早くも開戦三日目に、ハルダー陸軍参謀総長は、損害は「耐えられる程度」としながらも、「将校の損失は著しく多い」と日記にしたためている。こうした困難は、機動力の差から、装甲・自動車化歩兵部隊と歩兵部隊のあいだにギャップが生じるにつれて、いよいよ増大した。

加えて、地勢もドイツ軍には不利に働いた。「電撃戦」を可能としてくれるはずの道路は、ドイツ軍の予想とは裏腹に、ロシアでは劣悪きわまりなかった。フランスのように四通八達した舗装道路もなければ、給油を可能としてくれる自動車交通用のガソリンスタンドも、ほとんどなかったのである。

ドイツ中央軍集団に所属するもう一つの装甲集団、第二装甲集団の戦区における状況は、そうした事情の一典型といえた。同装甲集団は、奇襲によって、独ソ国境となっていたブク川にかかる複数の橋を占領したが、ロシアの道路は、装甲部隊の大縦隊の移動に耐えられなかった。第二装甲集団麾下にあった第四七装甲軍団の長は、重量級の車輛の通行によって、橋に通じる道路が文字通り湿地に沈んでしまったと報告している。第二装甲集団の右翼に位置する第二四装甲軍団においても、割り当てられた道路が「潰滅的な状態」にあり、ほとんど使えなかったために大渋滞を起こし、八〇キロ前進する予定が一八キロしか動けないというありさまだった。

消耗するドイツ軍

これらの諸事象は、もちろん従来の研究書にも記されていたことである。が、ドイツ軍前線部隊の文書を精査したオーストラリアの研究者デイヴィッド・ストーエルは、さらに議論を進めて、「バルバロッサ」作戦開始から七月のスモレンスク戦に至るまでのあいだ、ドイツ軍は表層的には勝利を重ねつつも、戦略的な打撃を与える能力を失いつつあったとする、画期的な新説を打ち出した(『バルバロッサ作戦と東方におけるドイツの敗北』)。本節も、おおむね、このストーエルの研究に依拠して記述している。

ストーエルによれば、「バルバロッサ」作戦初期段階でのドイツ軍の前進はめざましいものとみえたが、彼らが達成すべき戦略目標からすれば、なお不充分だった。加えて、緒戦の大勝利の時期にあっても、ドイツ軍の損害は軽微なようで、しかし、累積していくと、実は戦略的攻勢の遂行を不可能にしかねないものだった。

こうしたストーエルの視点からすれば、中央軍集団が達成した最初の包囲殲滅戦、六月下旬のミンスク包囲戦も、たとえ三三万余の捕虜を得たとしても、ソ連軍部隊の多くに、戦闘力を残したままでの東方脱出を許し、かつ、出してはならぬ損害を出したということで、戦略的には「空虚な勝利」であったと断じられる。

進撃中のドイツ軍装甲部隊

興味深いのは、前線のドイツ軍司令官たちも、このような事態を認識し、焦りを深くしていたという指摘だ。ここでは、第二装甲集団司令官ハインツ・グデーリアン上級大将の例を引こう。戦後の回想録では、彼は、ミンスク包囲戦は大勝利だったと誇っている。しかし、一九四一年六月二七日付の夫人への書簡、すなわち、一次史料においては、「敵は、勇敢に激しく抵抗している。ために、戦闘はきわめて厳しい。誰もがただ、それに耐えるだけだ」と本音を吐露していたのである。こうした認識は、続くスモレンスク戦において、ベルリンの上層部も共有することになっていく。

いずれにせよ、国境に近い地域でソ連軍主力を撃滅し、それによって、モスクワなどの重要地帯を守る戦力を奪うという所期の目的が達成されなかったことはあきらかだった。だとすれば、ドイツ軍としては、次善の策であるにしても、ソ連軍のつぎなる防衛線になるであろうドヴィナとドニエプルの二つの大河を可及的速やかに渡り、そこで彼らに決定的な打撃を与えなければならない。敵に堅固な陣地をつくることを許さず、打撃力を維持して、今度こそ、真の意味での包囲殲滅戦を遂行するというのが、ドイツ東部軍で最大の兵力を有する中央軍集団首脳部の考えだった。

ところが、彼らの麾下部隊は、すでにミンスク戦で消耗していた。六月二九日付の視察報告によれば、第三装甲集団の保有する戦車のうち、七月二日までに戦闘に使用することが可能となるものは総数の七〇%にすぎなかったという。より酷使されていた第二装甲集団所属の装甲師団の場合は、もっと深刻だった。やや後の数字になるが、同装甲集団の七月七日付戦時日誌の記載をみると、第一〇装甲師団がいちばんましで、戦闘可能な戦車は保有数中八〇%、だが、第四と第一七装甲師団は六〇%にすぎず、第三と第一八装甲師団に至っては、三五%でしかなかった。

さらに、前線の派手な戦闘ほどには眼を惹かないものの、政戦レベルにおいては重要な意味を持つ事態も生じていた。初期の段階から、ドイツ軍の兵站機構はうまく機能しなかった。というよりも、国境会戦で決着がつくものと確信していたドイツ軍首脳部は、補給を維持できるだけの充分な準備を整えていなかったのである。その結果、ドイツ軍諸部隊は補給不足に苦しみ、それを補おうと略奪の挙に出た。前出のハインリーチ将軍の嘆きを聞こう。早くも六月二三日の時点において、彼は日記にこう書いていた。「あらゆるところで、われわれの仲間が荷馬を探し、それらを農民から奪い取っている。村々では動揺と失望がみられる」。こうして、ドイツ軍は現地住民の憎悪の対象となっていった。やがて、彼らの多くは、パルチザンの供給源となっていくのである。

「戦争に勝つ能力を失う」

ともあれ、戦力不足と不充分な補給に悩まされながらも、ドイツ中央軍集団は、つぎなる目標であるスモレンスクに向けて前進した。すでに触れたセンノの戦車戦が生起したのは、このときのことだ。既述したように、ソ連機械化軍団の反撃は、さまざまな齟齬《そご》を来《きた》し、完全に失敗した。とはいえ、ソ連軍にはなお攻撃の余力があることが示されたために、中央軍集団は、より慎重な対応を取ることを強いられる。

ドイツ軍にとっては、好ましくない事態であった。なるほど進撃は続いているものの、開戦当初のような、めざましいものではない。それは、国内政治や外交にも影響を与えつつあった。また、前線の認識も、しだいに上層部に伝わっていく。ソ連軍を蔑視していたヒトラーでさえも、中央軍集団の前進が鈍ったという事実を突きつけられ、「ロシア人は強力な巨人だ」などと弱音を吐く始末だった。

奇妙な事態ではあった。中央軍集団は、ソ連軍の抵抗や反撃を粉砕しつつ、スモレンスク周辺のソ連軍を包囲殲滅すべく前進している。だが、その進撃速度は、ソ連を打倒するという大目標のためには遅すぎたし、そのために支払った代価は、あまりにも高くついた。ちなみに、当時の第三装甲集団戦時日誌には、「戦力の消耗は、得られた成果よりも大きい」との判断が記されている。

とはいえ、中央軍集団の二個装甲集団、第二装甲集団と第三装甲集団は突進を続け、七月中旬には、南北からスモレンスクを挟撃し、ソ連防衛軍の包囲を試み得る態勢をつくっていた。表面的には輝かしい進撃ぶりであり、当時の外国軍事筋、あるいは後世の史家の少なからぬ部分も、そうみなしている。けれども、その内実は火の車だった。この段階で、補給がすでに危機的状況におちいっていたのである。

既述のごとく、ソ連の鉄道は、ヨーロッパ標準軌と軌間が異なるため、ドイツ軍はこれを標準軌に置き換えていかなければならず、ゆえに前線部隊が進むにつれ、鉄道による補給端末との距離は遠ざかるばかりだった。このギャップは、自動車部隊の輸送で埋められていたのだが、装甲部隊が敵陣深く進撃するにつれ、彼らの活動は著しく困難になっていった。加えて、ドイツ軍装甲部隊が突破前進したのちに、撃滅されることなく取り残されていたソ連軍部隊が補給縦列に対する攻撃を実行したことも見逃せない。こうした諸要因が影響した結果、装甲部隊の

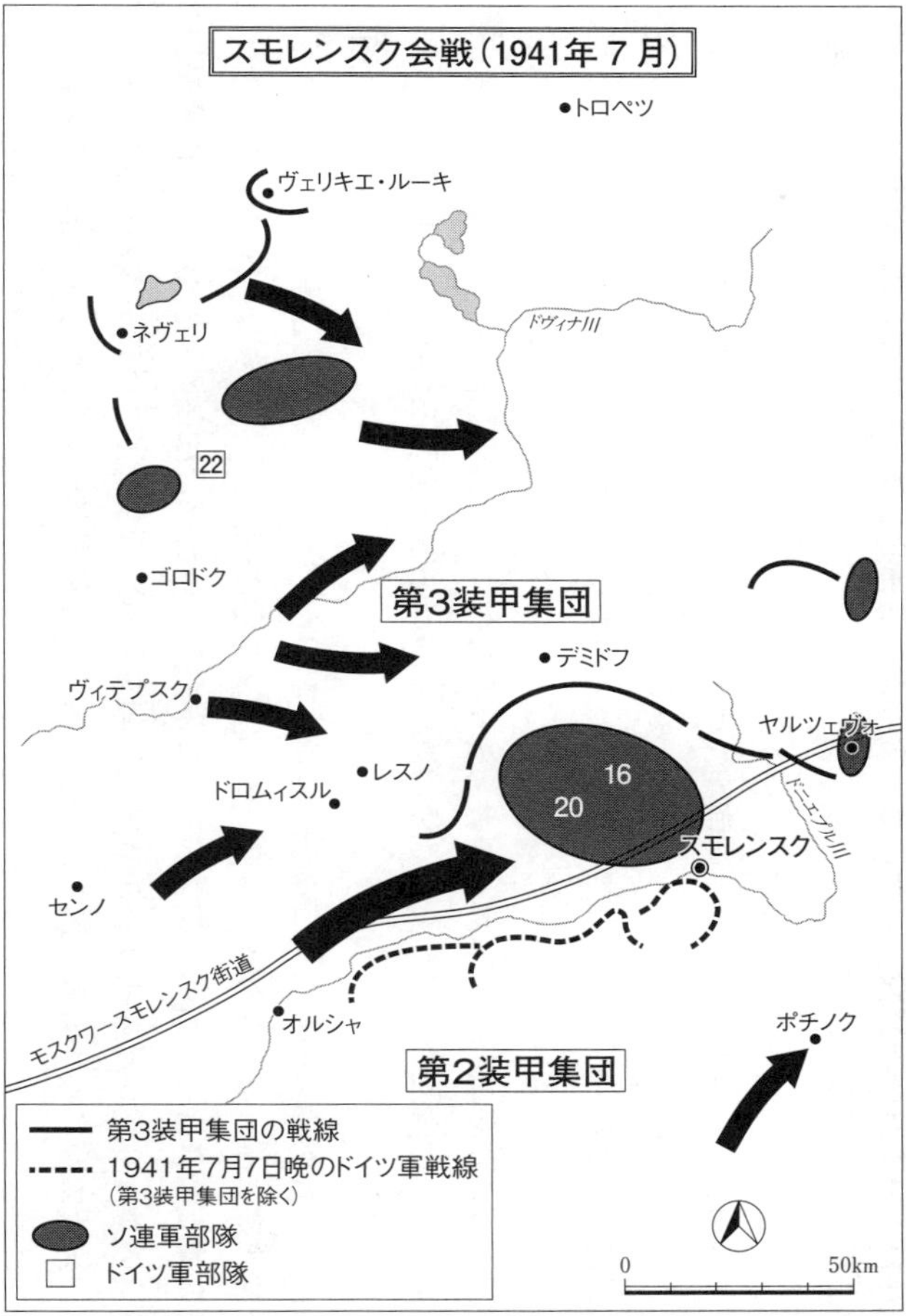

Bryan I. Fugate, *Operation Barbarossa*, New York, 1984 収録図をもとに作成

機動力は限定される一方だった。

たとえば、七月一六日付の第二装甲集団兵站部長の戦時日誌には「とくに燃料が欠乏している。補給物資はまばらにしか来ない。鉄道の状況は、まったく不充分である」とある。また、自動車輸送を支える部品も不足しており、同戦時日誌によれば、予備タイヤは必要量の六分の一しかなかったという。北の第三装甲集団にあっても、似たような状況で、その最先鋒となっていた第二〇装甲師団の戦時日誌(七月一五日付)には、燃料消費の急激な増大を危惧するとの記述がみられる。

また、槍の穂先である装甲師団の損害もはなはだしかった。いくつか列挙してみよう。第四装甲師団は開戦当初一六九両の戦車を有していたが、七月一七日に使用可能なものは四〇両にまで減少している。第七装甲師団の場合は、三〇〇両近い戦車を有していたのに、七月二一日の時点で、そのうち七七両が失われ、さらに一二〇両が修理中だった。すなわち、使用可能な戦車は約三分の一にまで落ち込んでいたのである。

前出のストーエルが、かかる戦況に対して下した評価は、彼のテーゼと当時のドイツ軍が置かれた苦境をよく表している。

ドイツが対ソ戦に勝利するための重要な条件の一つとして、機動力を維持することが必要だった。ソ連の大軍を罠にかけ、打ち破るため、そして、大規模で継続的な抵抗力が東方からもたらされるのに先んじて、工業・経済上の中心地群を充分に占領しておくために、である。つまり、かつてのドイツ軍の成功に典型的であったような、迅速なペースでの作戦遂行を当てにしていたのだ。兵站システムの決定的な過重負担、装甲ならびに自動車化歩兵師団の疲弊といったことは、ワーテルローやタンネンベルクなどといった歴史上の例に比べれば、敗北をはかる上では、取るに足らない物差しにみえるかもしれない。が、それは、根本的で、最後には破滅をもたらす敗北に通じていた。ドイツが「バルバロッサ」作戦に失敗したのは、大戦闘で惨敗したことによるのでもなければ、ソ連軍の善戦ゆえというわけでもない。彼らは、戦争に勝つ能力を失うことによって失敗したのである。

隠されたターニング・ポイント

たしかに、ドイツ軍は、スモレンスクをめぐる戦いで勝利を重ねていた。ドニエプル川の線を突破した第二装甲集団は、七月一六日にスモレンスクを占領している。一方、北からは第三装甲集団が湿地や丘陵を踏破して南下しつつあったから、スモレンスク周辺にあったソ連三個軍は、包囲の危機にさらされたことになる。

けれども、この間に、必死になって予備軍を前進させていたスターリンは、スモレンスク周辺の味方を救い、同市を奪回するための大反撃を命じた。作戦は、赤軍参謀総長代理兼国防人民委員（他国の国防大臣にあたる）代理のゲオルギー・K・ジューコフ上級大将が立案したもので、四個軍もの大軍が投入されることになっていた。だが、七月二三日に開始されたソ連軍の反撃はなお準備不足で、スモレンスク解放という所期の目的を達するには至らず、八月上旬には中止される。その過程で、独ソ両軍ともに大きな損害を出したものの、どちらのダメージが大きいかといえば、補充能力に劣るドイツ軍だということは自明の理であった。すでに消耗していた装甲部隊が、またしてもやせ細ったことは、とりわけ困難を増したのである。

加えて、右記のソ連軍反攻は、スモレンスク周辺にあったソ連軍部隊の脱出を助ける効果をもたらしていた。そもそも、ソ連軍の反撃以前から、弱体化したドイツ軍は彼らの後退を完全には阻止できずにいた。七月二一日付の中央軍集団司令官フェドーア・フォン・ボック元帥の日記には、「パイロットたちより、強力な敵部隊が包囲陣から東方へ行軍しているとの報告があった」との苦々しげな記述がある。この傾向に、いっそう拍車がかかったのだ。

なるほど、ドイツ軍は最終的にはスモレンスク包囲戦に「勝利」し、約二五万もの捕虜を得た。しかし、包囲陣から逃れた部隊が、あらたな防衛線を築く助けとなるのを妨げることはできなかった。

こうした戦況を受けてか、七月二六日付のボック日記のトーンは、壮大な包囲戦を遂行している軍集団の司令官とは思えないほどに暗い。「多くの地点で、ロシア軍は攻撃に転じようと試みている。あれほど、手痛い打撃を受けた相手としては、驚くべきことだ。彼らは、とほうもないほどの物資を持っているにちがいない。いまや野戦部隊は、敵砲兵の恐るべき威力について、不平を洩らしている。ロシア軍はまた、空でも攻撃的になってきた」。このように、中央軍集団が八月五日に終了したものと宣言したスモレンスクの戦いは、ドイツ軍から本質的な意味での突進力を削いでいたのだ。

こうした経緯から、ストーエルは、一九四一年八月の時点で、ドイツはもう対ソ戦の敗北を運命づけられていたと主張する。ドイツに唯一勝機があるとすれば、装甲部隊による機動戦で数に優るソ連軍を撃滅し、赤い巨人の国力が発揮される前に、ヨーロッパ・ロシアの主要な工業資源地帯を占領することにあったのだが、ドイツ国防軍の実力からして、それは不可能なことだった。比喩《ひゆ》を用いるなら、ドイツが頼みとする鋭利な剣、装甲部隊は「バルバロッサ」作戦を発動した直後に、早くも刃こぼれを起こしていた。ドイツ軍の消耗は、続くスモレンスク戦で決定的なものとなった。ロシアの斧と打ち合った剣は、あるいは欠け、あるいは折れて、敵の心臓部に致命的な一撃を与える能力を失ってしまったのである。

そのような意味で、ストーエルは、スモレンスクの戦いは、実はモスクワ会戦やスターリングラードの攻防、クルスク戦車戦に並ぶほどの重要性を持つ、隠されたターニング・ポイントだと論じたのだった。

第三節　最初の敗走

戦略なきドイツ軍

一九四一年七月のスモレンスク戦終了後、ドイツ軍指導部の多くは、国境会戦でソ連軍主力を潰滅させ、しかるのちに無人の野を行くがごとく、ヨーロッパ・ロシアの要地を占領するというもくろみが画餅《がへい》に帰したことを悟った。

たしかに、ミンスクやキエフの包囲戦、あるいは北方軍集団がバルト海沿岸地域を席巻《せっけん》するに際しての諸戦闘で、ドイツ軍は敵に大打撃を与えはした。しかし、ソ連軍は潰滅したわけではなかったし、質は措くとしても膨大な数の部隊があらたに編成され、増援として、続々と戦線に向かっていた。

ソ連は、六月末までに五三〇万の予備役を召集し、以後も動員を続けた。その結果、六月末から七月までに一三個軍、八月に一九個軍、九月には五個軍、一〇月には七個軍、一一月には一一個軍、一二月には二個軍が新編されるに至った。ドイツ軍は一九四一年中に、ソ連軍の二

○個軍を撃滅しているが、それらも、すべて補充・再編成されたことになる。一方、東部戦線にあるドイツ軍の三個軍集団は、開戦からの六週間で一七万九五〇〇名の損害を出していたが、補充されたのは、四万七〇〇〇名だけであった。

また、このころ、緒戦の快進撃が裏目に出て、ドイツ軍装甲部隊の多くが、補給可能な範囲をはるかに飛び出た状態で、ソ連軍の反撃を受けるかたちになっていた。第三装甲集団を例に取ると、ヨーロッパ標準軌に換装済みの最寄りの鉄道端末から、七二〇キロも離れたところで戦闘を行っているありさまだったのだ。しかも、側面掩護や残敵掃討にあたる歩兵師団は、ほとんどが自動車化されておらず、徒歩で進軍するしかなかったため、急進した装甲部隊に追いついていない。ゆえに、装甲部隊は、攻撃してくるソ連軍に対し、独力で対応しなければならず、さらなる進撃を行うどころではなかった。七月三一日、こうした状況を受けて、OKHは中央軍集団に前進中止を命じた。

ここから、どうするべきなのか。ヒトラーとドイツ軍首脳部は困難な決断を強いられた。短期決戦で勝利が得られると楽観しきっていたことへのつけがまわってきたのだ。開戦前に、どこを衝けば、あるいは、どういう状態に持っていけば、ソ連という巨人がくずおれることになるのか、彼らが真面目《しんめんもく》な考察を加えることはなかった。作戦次元、すなわち、戦場での成功を積み重ねていけば勝利が得られると信じ込むばかりで、銃後も含めた彼我《ひが》のリソースを冷静に測り、戦略次元での優劣を計算に入れた戦争計画が立案されることはなかったのである。だが、独ソ開戦以後の現実は、そうした判断の必要性を突きつけてきた。

ヒトラーは、戦況が深刻であるとの認識がいまだ不充分だったころ、一九四一年七月一九日に、総統指令第三三号というかたちで、以後の対ソ戦構想を示している(七月二三日に補足指令が下達された)。中央軍集団より第二装甲集団を引き抜き、南方軍集団麾下の第一装甲集団とともに、ソ連邦で四番目の大都市であるハリコフ(現ハルキフ)を奪取させ、さらにはドン川を渡河して、油田のあるコーカサス地方に突進させる。同じく中央軍集団に所属していた第三装甲集団は、北方軍集団に転属、モスクワ―レニングラード間の連絡線を遮断、レニングラード周辺のソ連軍包囲を支援する。両装甲集団を抽出《ちゅうしゅつ》された中央軍集団は、スモレンスク周辺の戦況を安定させたのち、歩兵部隊のみでモスクワに進撃、これを占領するものとされた。

つまりは、北のレニングラードと南のコーカサスに向かって、兵力を遠心的に分散し、モスクワを次等視《じとうし》する発想であった。これに対し、首都こそが決定的な戦略目標だと考える陸軍首脳部は、総統指令第三三号はナンセンスであるとみた。ハルダー陸軍参謀総長は、七月二八日付の日記に、こう書いている。「あらためて、もう決定済みになってしまった作戦の無意味さを〔ブラウヒッチュ陸軍総司令官に〕意見具申した。そんなことをすれば、兵力分散と、決定的な意味を持つモスクワ方面での停滞につながってしまう」。

ドイツ陸軍の首脳部にとっては幸いなことに、七月三一日、ヒトラーは、総統指令第三四号を発布し、前指令、すなわち第三三号の実行を当面中止するように命じた。この間に中央軍集団が陥っていた窮状をみて、ヒトラーも楽観的な作戦案を撤回せざるを得なくなったのである。とはいえ、ここにおいて、大きな見解の相違が生じていることは注目すべきだろう。南部ロシアの工業・資源地帯、さらにはコーカサスの油田といった経済的目標を重視するヒトラーと、政治的・戦略的な目標である首都モスクワの奪取こそが勝敗を決すると信ずる陸軍の対立だ。これは、「バルバロッサ」作戦後半の展開に関して、重要な背景となっていく。

時間は浪費されたのか?

八月に入ってからの戦況は、こうした対立を、よりいっそう鮮明にしていた。

中央軍集団方面では、八月一日から六日にかけての戦闘で、第二装甲集団の前面にあった敵部隊の殲滅に成功する。ついで、九日より二四日までの攻撃で、第二装甲集団は、追いついてきた歩兵主体の第二軍と協同、ソ連軍の防衛陣地を覆滅した。つまり、第二装甲集団を、他の正面に転用する余裕が生じたのだ。

他方、開戦以来、南方軍集団は、ドニエプル川以西にあるソ連軍に撤退を許さず、殲滅すべく努めていた。ソ連軍が退却しようとせず、反撃に出たことも与《あずか》って、八月初頭には、最初の包囲撃滅戦に成功する。敗走するソ連軍を追撃した南方軍集団は、八月二四日までに、ドニエプル川西方地域のほとんどを占領していた。

これらの前提条件が整ったため、中央軍集団方面から、第二装甲集団を中心とする強力な部隊を南進させて、ウクライナにあるソ連軍の背後に回りこみ、正面から圧迫する南方軍集団と協同して、挟み撃ちにするという作戦が可能となったのである。

八月二一日、ヒトラーは、モスクワ進撃を優先すべきだとするOKHの進言を押し切って、第二装甲集団のキエフへの南進を命じた。このとき、ヒトラーは、最重要なのはモスクワ占領ではなく、クリミア半島やドニェツ工業・炭田地帯の奪取、コーカサスからのソ連軍に対する石油供給の遮断、レニングラードの孤立化だと断じている。戦争経済上の目標を優先すると明言したわけだ。

いずれにせよ、こうして実行された作戦の戦果は飛び抜けたものだった。ウクライナ方面の防衛にあたっていた南西正面軍が包囲されるに至っても、スターリンが死守を命じたこともあって、ソ連軍は尋常でない損害を出した。九月下旬のキエフ戦終了までに、総計四五万二七二〇名の兵員と三八六七門の火砲を擁する四三個師団から成る四個軍が潰滅したのである。

作戦的には大勝利であった。しかし、戦略的には、深刻な時間の浪費であったと、ハルダーをはじめとするドイツ国防軍の将星たちは、戦後に主張している。なるほど、キエフ戦では巨

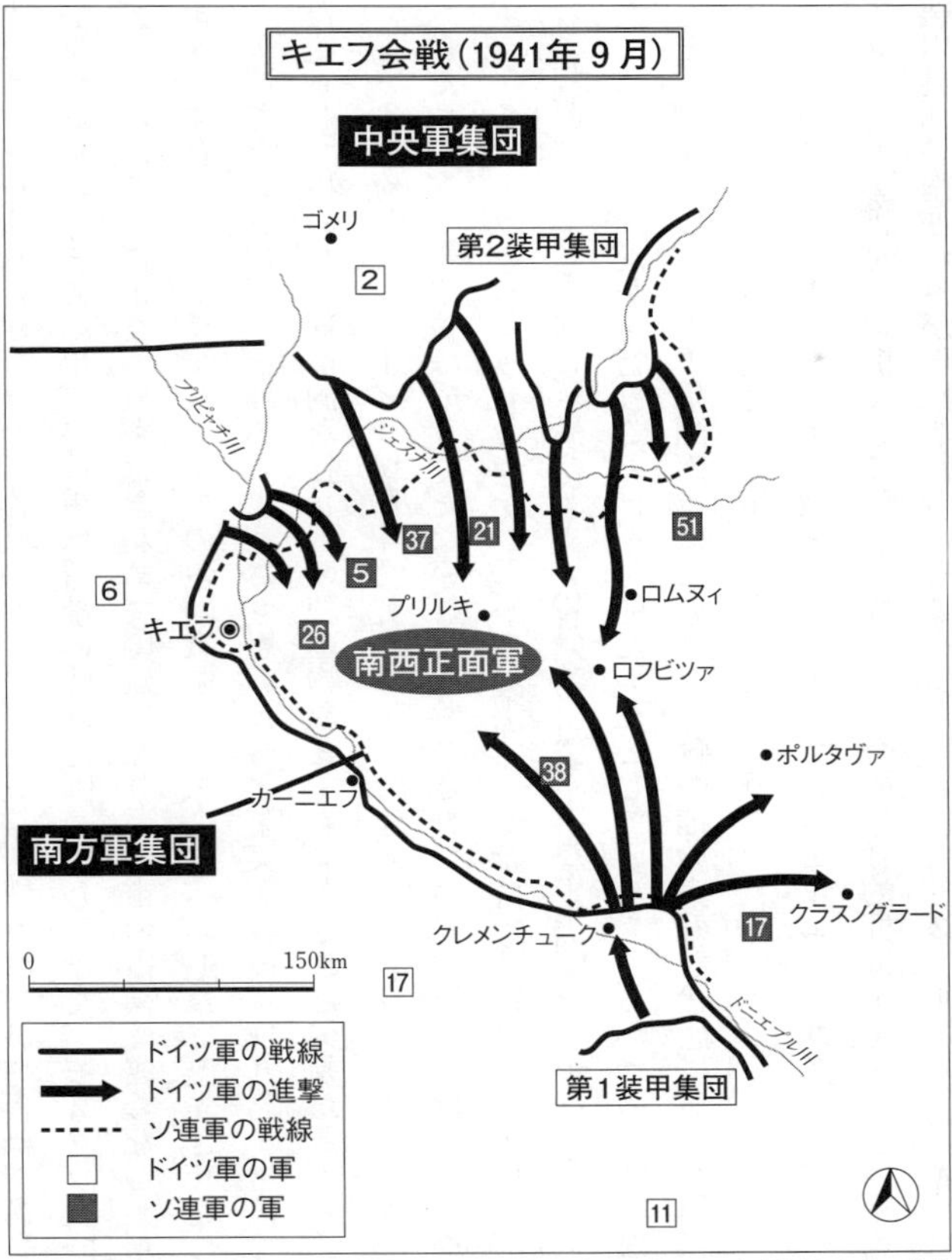

Carl Wagener, *Die Heeresgruppe Süd*, Friedberg, O. J. 収録図をもとに作成

大な成功を得られたが、かかる作戦のおかげで時間が浪費され、戦略目標であるモスクワへの進撃が遅れた。その結果、ソ連軍は首都の防備を固めたし、また、モスクワ攻略作戦が冬季にずれこんだことにより、攻撃はきわめて困難になり、同市の占領は成らなかった。こうした経緯からすれば、ヒトラーがキエフの包囲戦を、モスクワへの進撃に優先させたことは、致命的な失敗だというのだ。一理あるようにも思われる。事実、戦後、一九七〇年代ごろまでは有力な説として扱われ、通俗的な独ソ戦の読み物などでも流布された議論だ。

しかし、今日では、ドイツ国防軍の元将軍たちによる、キエフよりもモスクワを先に攻めるべきだったとする主張は成り立たないことが論証されている。たとえば、イスラエルの軍事史家マーチン・ファン・クレフェルトは、兵站面から近代以降の戦争を論じたユニークな著作『補給戦』(一九七七年刊行)において、八月の時点で中央軍集団の補給は深刻な状況にあり、ただちにモスクワ進撃を行うことは不可能だったとしている。したがって、鉄道線の占領・修復などの関係から、中央軍集団南翼において、比較的補給良好な状態にあった第二装甲集団を南下させることは、唯一可能な方策だったのだという。

前出のストーエルも、キエフ戦をテーマとした著作『キエフ一九四一年』で、中央軍集団はモスクワへの前進を再開できる状態になく、当時の作戦的好機を生かすという意味では、第二装甲集団の南進のみが現実的だったと述べる。もっとも、ストーエルは、キエフ会戦において、ヒトラーは戦いに勝ったものの、それによる消耗や時間の費消によって、戦争に敗れたのだとも付け加えている。

さらに言い添えるならば、政治・経済・交通の中心である首都モスクワを占領すれば、ソ連は崩壊するというのは、ドイツの将軍たちの盲信にすぎない。彼らが、ソ連にとって致命的な打撃とは何であるかを真剣に検討した形跡がないことは、史料的に証明できる。すなわち、モスクワ攻略が決定打であるとするのは、ハルダー以下のドイツ軍首脳部の仮説であり、事実というよりも歴史のイフでしかないのだ。

近代用兵思想に大きな影響をおよぼした『戦争論』の著者カール・フォン・クラウゼヴィッツは、敵のあらゆる力と活動の中心が「重心《シュヴェーアプンクト》」であるとし、全力を以て、これを叩かなければならないと論じた。敵の軍隊が重心であれば軍隊を撃滅し、党派的に分裂している国家にあっては首都を占領し、同盟国に頼っている弱小国の場合は、その同盟国が派遣する軍隊を攻撃するべしというのが、クラウゼヴィッツの主張であった。

にもかかわらず、クラウゼヴィッツの後裔《こうえい》たちは、対ソ戦の遂行において、敵の重心は何であるかを考えなかった、あるいは、それはモスクワにちがいないと、確証もなしに信じ込んだのである。

「台風」作戦

キエフ戦の終了後、ドイツ軍の進撃はひとまず順調となった。南方軍集団麾下の第一装甲軍(一九四一年一〇月、第一装甲集団より改編)は、ロストフ・ナ・ドヌー、さらに、その向こうのコーカサスをめざす。同じく南方軍集団に属する第六軍も、一〇月二五日にウクライナの重要都市ハリコフを占領した。ドイツの同盟国ルーマニアの軍隊によって攻囲されていた黒海の要港オデッサも、ソ連軍守備隊が海路撤退したため、一〇月一六日に枢軸軍の手に落ちた。

北でも、六月二五日にドイツの同盟国として参戦したフィンランドの軍隊が、冬戦争で失われた領土やその他の重要地点を占領し、戦争目的を果たしたものとして、そこで停止していた。ドイツ北方軍集団は、レニングラードに突進、このフィンランド軍と手をつないだ。九月八日、同軍集団の先鋒部隊がシュリッセルブルクでラドガ湖南岸に達し、レニングラードを孤立させたのである。その二日前、キエフ方面に重点を置くよう指令を下していたヒトラーは、レニングラードを直接占領するのではなく、砲爆撃で無力化すると決した。およそ九〇〇日続き、悲惨をきわめたレニングラード包囲のはじまりであった。

こうして南北の側面を固めたドイツ軍は、第二、第三、第四の三個装甲集団を東部戦線中央部に集中、モスクワ攻略「台風《タイフーン》」作戦を実施することになる。攻勢発動の前夜、一〇月一日の晩にヒトラーは布告を発し、ドイツ東部軍の各級指揮官は、部下将兵の前で、それを読み上げた。「わが将兵よ、過去三か月半のうちに、最後の一大打撃を加える前提条件が整った。これによって、冬に入る前に、敵の殲滅が現実のこととなろう。人間にできる限りの、あらゆる準備が完了した。〔中略〕今日こそ、本年最後の大決戦がはじまる」。

ヒトラーが豪語したごとく、一〇月二日に開始された「台風」作戦は、幸先のよいスタートを切った。ドイツ軍は、敵戦線を突破し、ヴャジマとブリャンスク付近の二か所で、ソ連軍の大部隊を包囲した。

けれども、見かけの快進撃とは裏腹に、ドイツ軍の窮状は頂点に達しようとしていた。機動戦の機会を得て急進した装甲部隊が、たちまち燃料不足に陥ったのだ。第三装甲集団は、一〇月四日のソ連軍の反撃に対応するため、燃料を使い果たし、翌日には前進不能になった。同じころ、第四装甲集団の前進も、燃料不足と悪路によって遅滞している。

戦車の消耗も深刻であった。第二装甲集団では、対ソ戦突入時に九〇四両の戦車が使用可能であったが、九月二七日には稼働数二五六両に減少していた。同様に、当初七〇七両の戦車を持っていた第三装甲集団の保有数は約二八〇両に、第四装甲集団では六二六両がおよそ二五〇両に減勢していたと推定されている。

アメリカの戦史家デイヴィッド・グランツとジョナサン・ハウスは、その共著『巨人たちが激突するとき』において、「一〇月末までに、ドイツ国防軍と赤軍は、グロッキーになった二

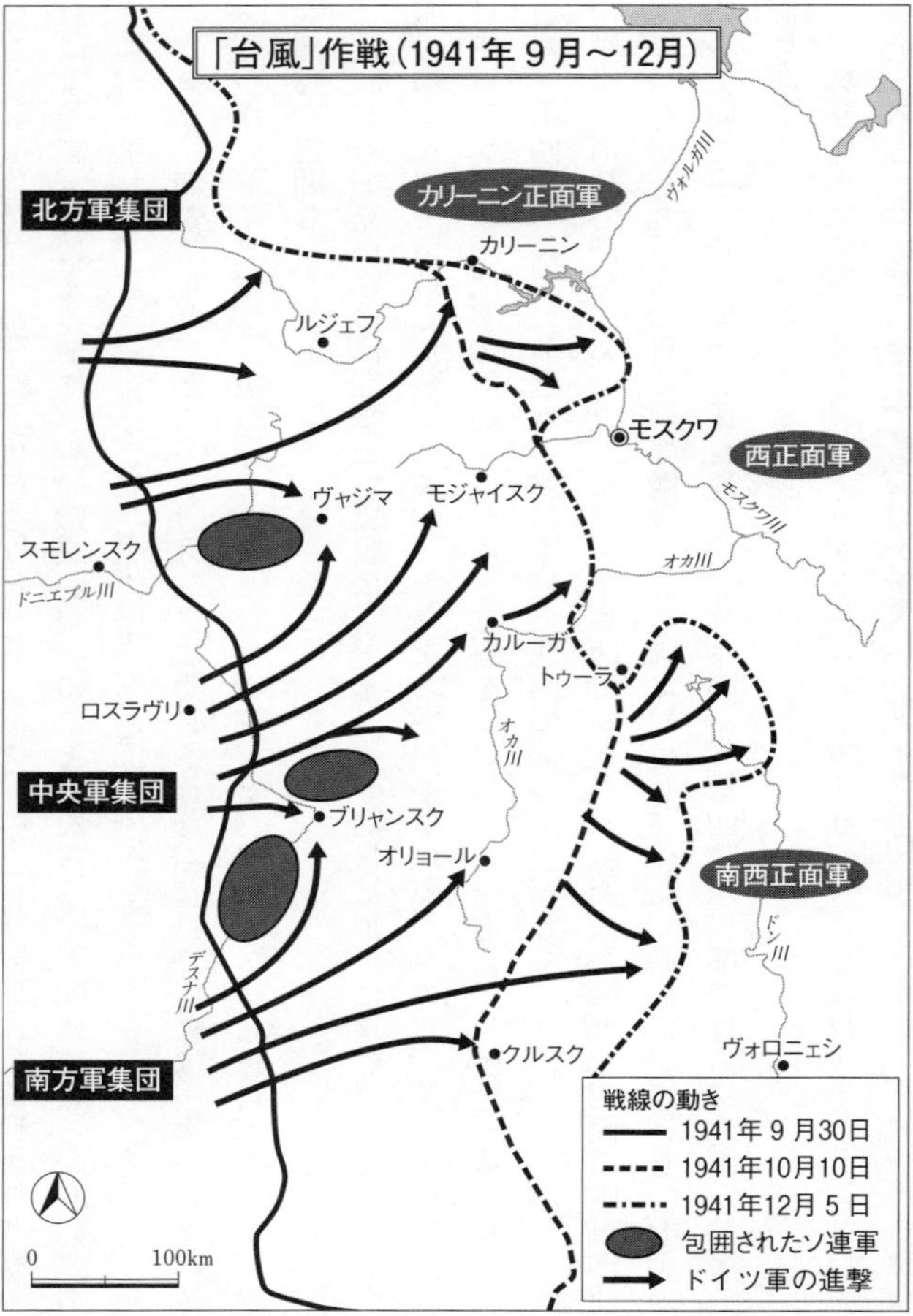

A・ナゴルスキ『モスクワ攻防戦』収録図をもとに作成

人のボクサーに似たありさまとなっていた。ふらふらで立ってはいるものの、相手を決定的に打ち倒すような力を、互いに急速に失いつつあったのだ」と述べている。しかし、そうであるとするなら、有利なのは、すでにみたように回復力に優ったソ連軍だった。

加えて、天候がドイツ軍にブレーキをかけていた。一〇月六日から七日の夜にかけて、中央軍集団の戦区に、最初の雪が降ったのである。翌朝、この雪はすぐに融け――ほとんど舗装されていないロシアの道路は泥沼と化した。「泥の季節《ラスプーチツァ》」、直訳すれば「道のない季節」がはじまったのだ。その名の通り、ドイツ軍車輛の運用は、きわめて困難になった。キャタピラ装備の車輛でさえも、しばしば軟泥にはまりこみ、動けなくなる。燃料消費量も、事前計画のおよそ三倍に跳ね上がった。歩兵でさえも、道が膝まで来るような泥沼となったとあっては、行軍もままならない。

こうした、さまざまな困難ゆえに、ヴャジマ―ブリャンスクの二重包囲戦に勝利しながらも、ドイツ軍の進撃は止まった。この間に、守備態勢を立て直すためにレニングラードに派遣されていたジューコフ上級大将が召還され、モスクワ防衛の責任を負った。モスクワ正面、北のカリーニン、南のトゥーラと、三方面を脅かされた状態で、ジューコフは全力を尽くす。モスクワの民兵、警察やＮＫＶＤの要員、士官学校の生徒などで編成された部隊までも投入し、戦線を固めたのだ。

二度目の世界大戦へ

泥の海と化した地表が凍結するのを待っていたドイツ中央軍集団は、一一月一五日、攻撃を再開した。ソ連軍の猛烈な抵抗を排除し、モスクワをめざす。南では、第二装甲軍(一〇月五日、第二装甲集団より改編)が交通の結節点であるトゥーラの包囲にかかった。第四装甲集団麾下の第二装甲師団が、モスクワより三〇キロ以内の地点に迫り、双眼鏡でクレムリンの尖塔を望見したというエピソードは、このころのことである。

しかしながら、ドイツ軍は限界に達していた。一二月初頭、ロシアの冬将軍が到来し、豪雪と厳寒をもたらしたのだ。ちなみに、一九四一年から一九四二年の冬は、ナポレオンがロシアに侵攻した一八一二年同様の異常気象、ロシアでもめったにない厳冬であった。長期戦必至の形勢に、ドイツ本国では冬季装備の調達が進められていたが、むろん、いまだ前線には届いていない。ドイツ軍攻撃部隊は寒さにあえぎ、ソ連軍部隊の抵抗をくじく打撃力を失った。一二月五日、「台風」作戦の先鋒となっていた第二装甲軍と第三装甲集団は攻撃を中止する。

ソ連軍が全面的に攻勢に転じたのは、その翌日であった。極東ソ連から召致したシベリア師団をはじめとする予備兵力、T-34戦車に代表されるような新型兵器を投入しての攻撃を受けたドイツ軍は、たちまち敗走していく。

結局、短期決戦でソ連を打倒するという「バルバロッサ」作戦の目的は果たせなかった。ヒトラーとナチス・ドイツにとっては、一大打撃というほかない事態だった。

それればかりではない。モスクワ攻防戦に敗れたのと同じころ、ドイツは、もう一つの大国、アメリカ合衆国との戦争に突入することになった。これより前、大西洋上において、イギリスを支援する合衆国と事実上の戦闘状態に陥っていたドイツ海軍は（独潜水艦と米軍艦の交戦が多数生じていた）、アメリカとの戦争は目前と判断していた。ゆえに、ヒトラーは、対米戦争が勃発した際に備え、日本から参戦の確約を得ようと、アメリカと戦う場合には、ドイツも参戦するとの言質を日本側に与えていたのだ。

かくて、真珠湾攻撃の報を聞いたヒトラーは、一九四一年一二月一一日、アメリカ合衆国に宣戦布告する。二度目の世界大戦は、ヨーロッパの紛争から、名実ともにグローバルな戦争に拡大したのである。

命令を待つドイツ兵ら．1941 年 11 月．alamy

第三章　絶滅戦争

第一節　対ソ戦のイデオロギー

四つの手がかり

「バルバロッサ」作戦の失敗により、ヒトラーやドイツ国防軍が抱いていた短期決戦構想は挫折し、独ソ戦が長期化することは決定的になった。それとともに、軍事的合理性にもとづき、対手の継戦意志をくじくことによって、戦争終結をみちびこうとする「通常戦争」の側面は後景にしりぞき、「世界観戦争」と「収奪戦争」という性格の異なる戦争様態の色彩が濃くなっていく。そこで、モスクワ攻防戦以後の軍事的経緯を述べる前に、本章で、そうした独ソ戦の最大の特徴について触れておくことにする。

まず、「世界観戦争」の基底にあったヒトラーのイデオロギーを論じよう。第二次世界大戦終結直後に支配的だったのは、ヒトラーは長期的な計画や政治目標など持たず、ひたすら自らの独裁と権力を維持・拡大するために、行き当たりばったりの機会主義的政策を採ったにすぎないとする説だった。ヒトラーを「悪魔化」する一方、その能力を過小評価する解釈だが、ヨーロッパのほぼすべてに戦火をおよぼした破滅的な大戦争ののち、そして、ホロコーストが白

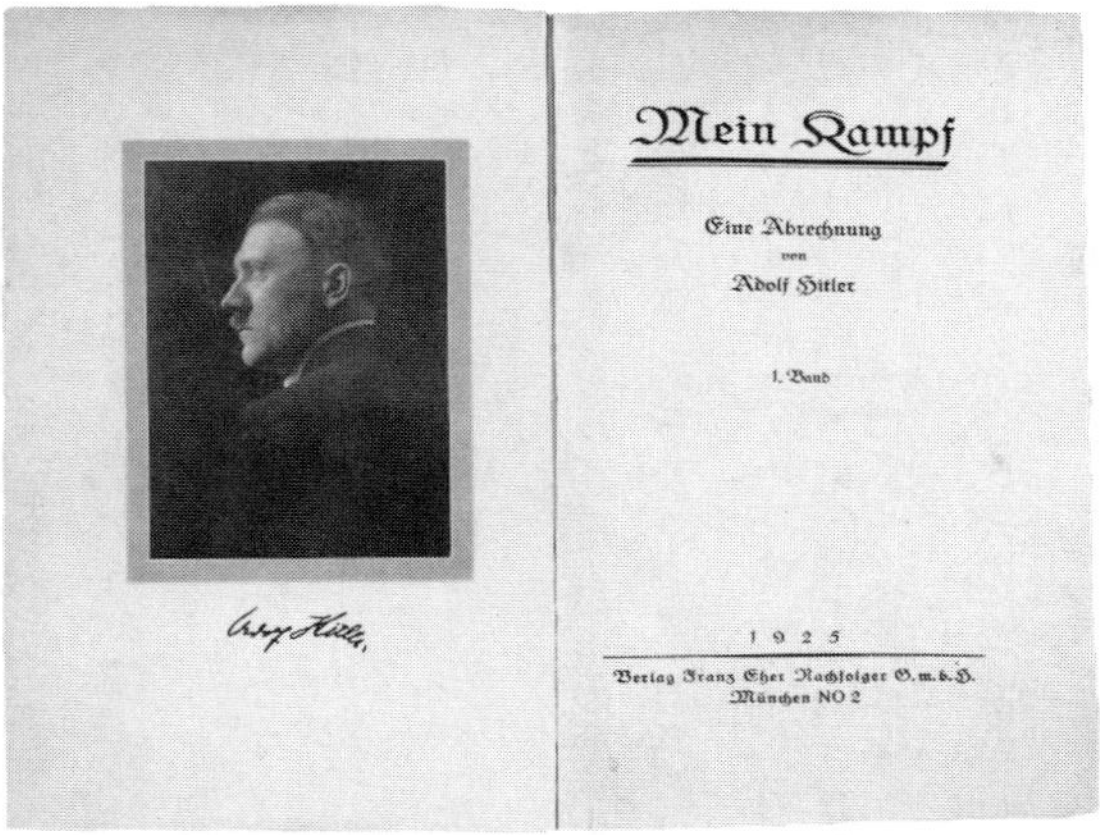

ヒトラー『わが闘争』．1925年刊行の初版．
ドイツ歴史博物館蔵

日にさらされたあとでは、人々の感情が、それ以外の理解を許さなかったのかもしれない。

こうした傾向に対し、ヒトラーの政策の一貫性を打ち出したのは、先に挙げたイギリスの歴史家ヒュー・トレヴァ＝ローパーである。彼は、戦争中、イギリス情報部に勤務しており、対独情報分析にあたっていた（ヒトラーの最期に関する調査にも参加している）。

トレヴァ＝ローパーは、一九六〇年に発表した論文で、ヒトラーは一九二三年から一九四五年まで、対ソ戦の遂行とゲルマン民族による東方植民地帝国の建設を一貫して追求したと主張した。その際、論拠として提示されたのは、四つの史資料であった。第一は、一九二三年にミュンヘン一揆、すなわちクーデターの一挙に失敗したヒトラーが獄中で著した『わが闘争』、第二は、元ナチスで亡命したヘルマン・ラウシュニングが、一九三三年の政権奪取前後のヒトラーとの会話を記録した『ヒトラーとの対話』である。第三および第四は、ヒトラーの側近が、食卓等での総統の談話を速記させた記録、いわゆる「食卓談話」だ(それぞれ、一九四一年から一九四二年と一九四五年の記録)。

トレヴァ＝ローパーによれば、これらの記録は、二二年の長きにわたる期間に、さまざまに異なる背景のもとで書かれたにもかかわらず、「思考と行為における絶対的な統一性と首尾一貫性を示して」いたという。むろん、対ソ戦という目的に向けての「統一性」と「首尾一貫性」ということである。

もっとも、トレヴァ＝ローパーの議論の根拠には、当時の史料状況から来る瑕瑾《かきん》や制約があった。今日では、『ヒトラーとの対話』は、実際の会話を記録したものではなく、ラウシュニングによる偽書であったことが究明されている。また、『第二の書』と呼ばれる、戦後発見されたヒトラーの重要な未定稿も参照されていない。

それでも、トレヴァ＝ローパーの立論は、ヒトラーの政策や行動を合理的に説明する最初の試みだったのであり、以後の研究の礎石となっていく。

ヒトラーの「プログラム」

一九六五年には、西ドイツ(当時)の歴史家、アンドレアス・ヒルグルーバーが、教授資格論文をもとにした著書『ヒトラーの戦略』を発表し、「プログラム」の概念を打ち出した。ヒトラーが首尾一貫した政治構想を持っているとした点では、トレヴァ=ローパーの議論の延長線上にあるが、それは段階的に実行されることになっていたとの説を唱えたのだ。

ヒルグルーバーはいう。ヨーロッパにおける領土拡張と海外植民地獲得を同時に遂行しようとすれば、第一次世界大戦の轍《てつ》を踏むことになるとヒトラーは考えた。よって、自らの計画遂行の過程を二段階に分けた。まずは、ヨーロッパ大陸においてソ連を征服し、東方植民地帝国を建設、ナチズムのイデオロギーにもとづく欧州の「人種的再編成」を行うのが、第一段階である。ただし、この段階での目標を達成するには、イギリスを同盟国、ないしは中立状態にしておく必要があった。また、第一次世界大戦のように、大規模な二正面戦争に突入するのではなく、オーストリア合邦やチェコスロヴァキアの解体、さらには西の大敵であるフランスの覆滅等を、時間的・空間的に限定された小戦争の連続というかたちで、段階的に遂行していかなければならない。そうして国力を固めた上で、ソ連打倒に着手する。

こうして、ウラルからジブラルタルに至る帝国を築き上げ、ほぼ自給自足が可能な状態を確保したのち、第二段階の海外進出に乗り出す。そのとき、世界の覇権を賭けたアメリカ、あるいは米英両国との戦争になるだろうが(この段階でも、イギリスがドイツの同盟国、あるいは中立国に留まるかはさだかでないとされた)、つぎの世代が、この課題を果たす。

ヒトラーが達成しなければならないのは、右の第一段階の目標であった。ヒルグルーバーは、この「プログラム」という概念を駆使して、一九四〇年から一九四一年までのヒトラーの戦争指導を論述し、プログラム学派の理論体系の基盤を構築したのである。

しかし、権力を握ったヒトラーは、「真空」のなかで思うがままに振る舞うことができたわけではない。もし、ヒトラーのイデオロギーや「プログラム」が、ドイツの支配層の希望にまったく添わぬものであったなら、その実現は不可能であったろう。事実、極右に限らぬ、広範な保守エリート層(国防軍を含む)にとって、ドイツがかつてのような強国の地位を取り戻すことは宿願であり、その点で、ヒトラーの「プログラム」と一致するところがあった。また、一九二九年の経済恐慌以来、列強のブロック経済化による海外市場の縮小によって悲鳴をあげていた財界にしてみれば、自らの「広域経済圏」を確立するとしたヒトラーの構想は、歓迎すべきものであった。

ナチ・イデオロギーの機能

さらに、ヒトラーの掲げる人種主義は、ドイツ社会の分裂を、ひとまず糊塗する作用をおよぼしていた。都市と農村、ホワイトカラーと労働者、雇用主と被雇用者等、利害の対立は現実に存在していた。しかし、健康なドイツ国民で、ゲルマン民族の一員であれば、ユダヤ人をはじめとする「劣等人種」、社会主義者や精神病者といった「反社会的分子」に優越しており、ゆえに存在意義を持つという仮構は、そうした溝を覆い隠していく。

このようなイデオロギーの働きについては、西ドイツ(当時)の研究者、マルティン・ブロシャートが一九七〇年に発表した論文で、興味深い考察が加えられている。ブロシャートは、前述のプログラム学派に対し、「そうした考え方は、ヒトラーの脳髄に、支配的な妄想観念、ないしは救済観念として巣くっていた、二、三の理念こそが、ナチズムの政策に固有の原動力であったと解釈することを意味しよう。それによれば、ナチズムの現実は、ただ一人の男の恣意と妄想の産物に帰せられてしまう」と、厳しい批判を浴びせたのだ。

彼が主張するところによれば、ナチズム運動は多種多様で、しかも、その多くは相互に対立する社会的動機付けを内包するものであった。けれども、その運動エネルギーを動員し、分裂を回避するには、常に確固たる「理念」を提示しなければならない。加えて、この理念は、ナチズム運動に参加する者、それを支持する者たちのあいだに厳然として存在する利害対立を暴露・拡大し、危機を招くものであってはならなかった。そうした理念こそ、ヒトラーの人種イデオロギーと「生存圏」論であった。逆説的ではあるが、現存する社会事情とは直接関係を持たないからこそ、支配の仮構、ブロシャートの言葉を借りれば「イデオロギー的メタファー」

オーストリア合邦．群衆を前に演説するヒトラー．
1938年ウィーン．alamy

の機能を果たし得たのである。しかしながら、右記の社会的対立などの内政的条件に拘束されたヒトラーが、分裂を回避するために、その理念に頼れば頼るほど、本来は支配の道具にすぎなかった人種イデオロギーや「生存圏」論が、文言通りに受け止められ、ついには現実になったと、ブロシャートは説く。

この一九七〇年代のプログラム学派とそれに反対する研究者たちとの論争以降、今日に至るまでの研究の流れをみると、ごくおおまかにいって、両者を止揚する方向に進んでいると思われる。つまり、ヒトラーの「プログラム」だけでは、ナチズム体制を完全に説明することはできず、その社会的機能も分析しなければならない。しかしながら、ヒトラーの理念を無視して、ただ機能的な面から、ナチス・ドイツの歴史を理解することも不可能である。それゆえ、当面のところ、ヒトラーのイデオロギーと、それが社会におよぼした作用、あるいは、逆に社会から受けた反作用を考察した上で、解釈が加えられているというところだろう。

では、そうした相互関係は、政権獲得後のナチズムにおいて、具体的にはどのような展開を示していたのだろうか。

大砲もバターも

一九三三年に権力を握ったヒトラーが、大規模な財政出動によって、不況からの脱出をはかったことはよく知られている。国防軍の再軍備(軍備拡張)、アウトバーン建設などの公共事業が進められるにつれ、景気は回復した。失業者は一九三六年から激減していき、完全雇用が達成される。しかし、この表面上の好況のうちに、戦争を必要とするような社会構造ができつつあった。ここでは、ナチス・ドイツの内政と第二次世界大戦の開始についての重要な議論を展開した、イギリスの歴史家ティモシー・メイソンに従い、説明していこう。

首相となったヒトラーは、軍備拡張を実行したが、国民に犠牲を強いることは避けた。体制への支持を失うことを恐れたためだ。その理由について、ヒトラー以下、ナチス・ドイツの首脳部には、第一次世界大戦の際、国民に負担をかけた結果、革命によって国家が崩壊したことへの懸念、「一九一八年のトラウマ」があったと、メイソンは論じている。だが、戦争準備と国民の生活水準維持という二兎《にと》を追ったことは、ナチス・ドイツの国内政治に緊張をもたらすことになる。

まず、財政の逼迫《ひっぱく》が生じた。軍拡や公共事業に要する財源は、当然、国家が確保しなければならない。そのため、ヒトラーは、敢えて赤字支出を選んだ。増税によって国庫の収入を大きくすれば、国民の不満が高まるからであった。

ついで、貿易の分野でも「危機」が顕在化した。いわゆる「持たざる国」であるドイツが軍拡を行おうとすれば、兵器生産のために大量の原料を輸入せざるを得ない。だが、外国から原料を得るには、外貨による支払いを必要とするから、大規模な軍拡は、外貨準備高の急激な沈降につながる恐れがあった。それを避けるため、外貨を使わぬバーター協定によって、工業製品と引き換えに、東南欧諸国から原料や食料を輸入する政策が推進されたものの、ナチス・ドイツが進めた再軍備のスケールからすれば、焼け石に水だった。結果として、一九三六年には、ドイツの原料備蓄と外貨準備高は、ほとんど底を打つにひとしい状態になった。

ところが、こうした「危機」のさなかにおいても、国民が不満を持たぬよう、貴重な外貨を使って、嗜好品や衣料の輸入は継続されていたのである。たとえば、一九三八年から一九三九年にかけての、煙草、コーヒー、カカオの輸入量は、一九二九年の恐慌以前、ドイツがなお好況を享受していたころに匹敵するほどになっていた。

危機克服のための戦争

また、好景気は、たしかに失業者をなくしたけれども、これは、軍拡を実行する上で、大きな問題となった。再軍備が工業に好景気をもたらすとともに、労働力の需要が高まり、人手不足が生じたのだ。よって、工業部門では「誘惑賃金」、すなわち、高い報酬による労働力の誘引をはかった。が、こうした措置は、工場労働者となって離農する者の数を増大させ、農業部門の生産を阻害することになる。

にもかかわらず、工業における労働力不足は、深刻になるばかりだった。一九三六年に、ヒトラーは「四か年計画」に着手、石油やゴム、繊維などの輸入に頼っていた原料を、化学的な人造品で代用し、おおむね自給自足可能な態勢を確立しようとした。しかし、この「四か年計画」は、充分な量の人造原料を生産できなかったばかりか、工業全般にわたる労働力の欠乏を生起させていく。一九三八年一二月の労働省の報告によれば、実に、約一〇〇万人の労働者が不足しているとされた。

かくて、再軍備の進行自体が、軍備拡張のインフラストラクチャーにダメージを与えるという、皮肉な事態が生じる。たとえば、一九三八年八月には、郵政大臣が、運営要員不足のため、電話網の機能を完全に維持することはできないとの意見書を出した。同年同月、東プロイセン地方の要港ケーニヒスベルク(現ロシア領カリーニングラード)は、港湾労働者が負担増大に耐えられなくなったという理由で、一週間も閉鎖されてしまう。

外交ではなく、内政において「危機」が生じたのである。通常、こうした場合に取られる対応は、軍需経済への集中を緩和し、貿易の拡大をはかるか、逆に、より厳しい統制や国民の勤労動員強化でしのぐかのいずれかであろう。ところが、「大砲かバターか」ではなく、「大砲もバターも」の政策を選んだナチス・ドイツ政府には、どちらの措置も不可能だった。

結果として、彼らは、第三の選択肢へと突き進んでいく。他国の併合による資源や外貨の獲得、占領した国の住民の強制労働により、ドイツ国民に負担をかけないかたちで軍拡経済を維持したのだ。むろん、そうした内政的要因に推進された領土拡張政策は、他国との紛争をエスカレートさせていくものだが、ナチス・ドイツは「危機」克服のため、戦争に突入せざるを得なくなっていたのである。

こうして、第二次世界大戦ははじまった。やや折衷《せっちゅう》論的な説明が許されるならば、ナチス・ドイツは、独裁者ヒトラーの「プログラム」とナチズムの理念のもと、主導的に戦争に向かうと同時に、内政面からも、資源や労働力の収奪を目的とする帝国主義的侵略を行わざるをえない状態に追いつめられていたのだといえよう。事実、フランスなどの諸国を征服したのちのドイツの占領政策は、資源や工業製品の徴発、労働力の強制動員といった点を強調したものとなる。そのおかげで、ドイツ国民の生活は、戦時下であるにもかかわらず、一九四四年に戦争が急速に敗勢に傾くまで、相対的に高水準を維持していた。彼らは、初期帝国主義的な収奪政策による利益を得ていることを知りながら、それを享受した「共犯者」だったのである。

第二節　帝国主義的収奪

三つの戦争

このように、ドイツの戦争は、対ソ戦に至る前から、通常の純軍事的な戦争に加えて、すでに「収奪戦争」の性格を帯びていた。とはいえ、ドイツの西欧諸国に対する戦争は、比較的にということではあるが、捕虜取り扱いにおける戦時国際法の遵守や非戦闘員の保護など、「通常戦争」の性格を残してはいた。ただし、金品や美術品の略奪、フランス軍の植民地部隊から取った捕虜の殺害なども皆無ではない。ポーランドやユーゴスラヴィアなど、ナチスの眼からみた「劣等人種」の国々に対しては、人種戦争の色彩が濃厚になった。

そして、ヒトラーの宿願であった対ソ戦においては、帝国主義的収奪戦争に加えて、イデオロギーに支配された「世界観戦争」、具体的には、ナチスが敵とみなした者への「絶滅戦争」が、全面的に展開されることになる。終章で詳しく述べるが、独ソ戦は、いわば「通常戦争」「収奪戦争」「絶滅戦争」の三つの戦争が重なり合って遂行された、複合的な戦争だったといえよう。しかも、対ソ短期決戦の挫折と戦局の悪化にともない、「収奪戦争」と「絶滅戦争」の色彩はいよいよ濃厚になり、「通常戦争」の基本にあった軍事的合理性をも押しのけていくのである。

以下、「収奪戦争」や「絶滅戦争」が、いかに構想され、実行されていったか、また、多くの逸脱があったとはいえ、一応は戦時国際法のもとに進められていた通常戦争が、どのように変質していったかをみていこう。

東部総合計画

ヒトラーが、東方植民地帝国の建設を戦争目的に据えていたことは、すでに述べた。しかしながら、それを実現するには、官僚や国防軍の幹部、研究者や外交官といった専門家によって、政策立案を進める必要がある。前節に記したようなナチス・ドイツの社会の「共犯者」的構造から、そうした協力者にはことかかなかった。彼らが練り上げた、対ソ戦勝利後のヨーロッパの姿は、以下のごときものとなる。

中核になるのは、フランス領のかなりの部分、旧チェコスロヴァキア領のボヘミア・モラヴィア地域、ポーランドのすべてを併合し、大幅に拡大された「大ドイツ国」である。これに、西方やバルカン半島の諸衛星国が従う。この大国となったドイツを支える植民地が、ヨーロッパ・ロシアに築かれる。沿バルト海地域と白ロシアを統治する「オストラント」「ウクライナ」、ロシア内陸部を統轄する「モスクワ」「コーカサス」の四つの国家弁務官区《ライヒスコミッサリアート》である。

こうした国家弁務官区等で、どういう政策を採るべきかについては、のちに「東部総合計画《ゲネラルプラン・オスト》」と称されることになる一連の案が作成されている。ドイツがポーランドを占領した直後、親衛隊(SS)全国指導者兼ドイツ警察長官のハインリヒ・ヒムラーは、一九三九年一〇月七日、「ドイツ民族性強化国家委員」を兼任することになった。「ゲルマン化」と称された、ドイツ国民の東方植民や「民族ドイツ人」(中世の東方植民、ロシア帝国による招聘《しょうへい》などにより、中東欧、ロシアに移住したドイツ系住民のこと)の移住などをつかさどる役職である。ヒムラーは、このドイツ民族性強化国家委員としての権限を使い、早くも一九四〇年春に、東方ゲルマン化の構想を練るよう、統轄下にある計画局に委託していた。

同計画局は、国家公安本部ⅢB部計画立案課ならびにベルリン大学の農業・農政研究所と協力し、植民計画の立案に着手した。途中、対ソ戦の決定とともに、植民対象がロシアに拡大するなどの変更もあったが、一九四二年までには、おおむね構想が固まり、同年六月一二日には、東方占領地省とナチ党人種政策局の協力を得て作成された「東部総合計画」がヒムラーに提出され、承認されている。その内容は、ヒトラーとナチスがめざす世界が、いかなるディストピアであるかを如実に示すものであった。

東部総合計画で構想された4つの国家弁務官区のうち，実際に設置されたのはオストラントおよびウクライナの2つであった．両国家弁務官区は，ヒトラーの決定により東方占領地省の管轄下に置かれた．

R・ヒルバーグ『ヨーロッパ・ユダヤ人の絶滅』上巻収録図をもとに作成

東部総合計画は、戦争終結後の最初の四半世紀において、ポーランド、バルト三国、ソ連西部地域の住民三一〇〇万人をシベリアに追放し、死に至らしめると定めていた。一方、残された「ドイツ化」できない住民一四〇〇万人は、「民族の境界線」を数千キロ東方へ動かす任にあたるゲルマン植民者のために、奴隷労働に従事することになる。ここでいうゲルマン植民者とは、ドイツ本国からのそれに加えて、イタリア領南チロル（ドイツ系住民が多数存在していた）やルーマニア、ハンガリーからの「民族ドイツ人」、ゲルマン系のスカンジナヴィア諸国、オランダ、イギリスからの植民者であるとされた。これら、新植民地の開拓と支配のため、それぞれ二万人ほどの人口を有し、周囲を多数の村々に囲まれた三六個の拠点都市が建設される予定であった。かかる植民によって、「ゲルマン化」が完成するとされたのである。

先に記したように、ソ連侵攻におけるドイツ軍の作戦は、敵の重心が何であるかを考慮しない、ずさんなものであった。ところが、東方植民地帝国の建設については、このように多くの人的リソースを投入し、綿密に計画されていた。かかるアンバランスは、対ソ戦の性格を端的に示しているといえよう。もっとも、この東部総合計画は、一九四三年以降の東部戦線におけるドイツ軍の敗退とともに、実現不可能になった。けれども、東部総合計画の構想は、対ソ戦の目的を明々白々にしていたのであった。

収奪を目的とした占領

だが、こうした植民地帝国建設というイデオロギーからの構想とならんで、ドイツのソ連占領が収奪に集中していく過程には、もう一つの動因がある。一九三九年の第二次世界大戦勃発とともに、連合軍の封鎖を受けたドイツは、海外からの輸入を遮断された。よって、食料調達の隘路《あいろ》が生じ、不足分の確保については、主としてソ連に頼ることになった。つまり、一応は不可侵条約を結んではいても、イデオロギー的には同床異夢の友邦に、食料供給の源を握られていたことになる。

食料供給の責任者であった食料農業省次官兼四か年計画庁食料部長ヘルベルト・バッケは、これを憂慮し、このような状態が続けば、第一次世界大戦のように、国民の飢餓がきっかけとなって、敗戦に至ることになりかねないと警告していた。一九三九年から一九四〇年のポーランドや西欧諸国の征服も、多少は食料不足を緩和したものの、本質的な解決には至らない。そこで、対ソ戦決意を知らされたバッケが立案したのは、占領したソ連から食料を収奪し、住民を餓え死にさせてでも、ドイツ国民、なかんずく国防軍の将兵に充分な食料を与えるとする、「飢餓計画」と通称される構想だった。

彼の推定するところによれば、そうした政策を取れば、現地住民から三〇〇〇万の餓死者が出るとされていた。それでもバッケは、ドイツ農業だけでは、軍の将兵一名につき、一日あたり三〇〇〇キロカロリーを与えるという条件を、長期にわたって維持することはできないと断じている。ドイツ国防軍は、最盛時には人員九五〇万に達し、総人口のおよそ七分の一を擁する存在となっていたのだ。また、一般国民への食肉供給にも不足が生じていた。ドイツが、ポーランド、ノルウェー、デンマーク、ベネルクス三国、フランス、ユーゴスラヴィア、ギリシアを占領していた一九四一年前半の状態でも、かかる国民の食料不足を克服し、国防軍の将兵を充分に食わせることは不可能とされた。

こうした前提から、バッケは結論づける。「戦争三年目に、国防軍全体がロシアからの食料で養われるようになった場合にのみ、本大戦は継続し得る」。彼のロシア人に対する評価は非情なものだった。「ロシア人は、何世紀ものあいだ、貧困、餓え、節約に耐えてきている。その胃袋は伸縮自在なのだから、間違った同情は不要だ」。

一方、軍事作戦にあたる国防軍も、戦争遂行上必要な資源を、ソ連から奪取する計画を練っていた。たとえば、ＯＫＷ国防経済・軍需局長として、経済面での戦争遂行に関する責を負っていたゲオルク・トマス歩兵大将は、一九四一年二月より、ソ連占領地からの物資徴発計画の立案を開始していた。その際、何よりも重要とされたのは、占領したソ連の油田からの石油獲得であった。また、トマスは、バッケとも協議し、「飢餓計画」の作成に関与している。

多元支配による急進化

以上の記述からも読み取れるように、ドイツのソ連占領において特徴的なのは、一元的に責任を持つ管轄省庁がないことであった。「権限のカオス」と呼ばれる、ナチズム特有の現象が、ここでも現れたのである。これは、ヒトラーがしばしば決断を回避した結果、麾下の諸機関が同じ争点をめぐって、自らの政策を貫徹すべく、激しい権限争いを行ったことを意味している。こうした多元支配は、ソ連占領においてもみられた。国防軍やさまざまな省庁が、占領政策の権能と管轄をめぐる闘争を繰り広げたのだ。

そこから最初に脱落したのは国防軍だった。政治的な面では、ヒトラーは軍を信頼していなかったのである。一九四一年三月、「陸軍の作戦地域の奥行きは、可能な限り広範囲に制限すべし」との命令が下され、国防軍は、占領地全体に軍政をほどこすのではなく、前線での純軍事任務に集中するものとされた。

そののち、ヒムラーの親衛隊・警察機構、国家元帥にして空軍大臣・空軍総司令官であるヘルマン・ゲーリングが責任者となった四か年計画庁、ナチのイデオローグであったアルフレート・ローゼンベルクを長とする東方占領地省(「オストラント」および「ウクライナ」両国家弁務官区を管轄していた)が、戦線後方の占領地に関する権限をめぐる争いに狂奔《きょうほん》した。権限のカオスが引き起こす「部局ダーウィニズム」である。各官庁やナチ党機関が剝き出しの権力闘争を行い、勝ち残ったものが権限を得るという、俗流ダーウィニズムの「適者生存」を援用した比喩が、まさに当てはまる事例だった。

もっとも、こうした占領側内部のあつれきが、収奪にブレーキをかけたというわけではない。むしろ、その逆であった。なるほど、これらの諸組織は相対立し、いがみあってはいたものの、占領地住民の餓死をも意に介さず、収奪を推進するという点では一致していた。したがって、彼らは、自らの功績を誇示し、いっそうの権限を獲得するために、ますます急進的な占領政策を押し進めた。その対象となった住民は、何重にも搾取されていったのである。

「総統小包」

それが、いかなる結果をもたらしたか。いくつかの数字を挙げてみよう。一九四二年から一九四三年にかけて、ソ連から収奪された穀物、食肉、脂肪製品の総量は、三五〇〇万トンから、八七八万トンにはねあがっていた。また、一九四一年から一九四二年にかけて、東部の国防軍将兵と占領関連諸機関の要員が消費した占領下ソ連の穀物は七〇〇万トン以上になる。同じ時期に、ウクライナだけでも、一七〇〇万頭の牛、二〇〇〇万頭のブタ、二七〇〇万頭のヒツジとヤギ、一億羽のニワトリが徴発された。これだけの莫大な食料が奪われた結果、占領下の住民に何が起こったのか、いうまでもあるまい。一九四一年より四二年の厳冬において、占領された諸都市の非勤労住民一人への配給量は、一週あたり、脂肪製品七〇グラム、パン一・五キログラム、ジャガイモ二キログラムであった。

もう一つ、象徴的なエピソードがある。一九四二年三月、ヒトラーは、休暇、もしくは任務の必要からドイツ本国へ戻る東部戦線の将兵に、運べる限りの食料を調達・持参するよう命じた。この「総統小包」と称された措置は、占領地のヤミ市場に流れる食料を少しでも奪うことを目的としていた。むろん、その中身のすべてが、正当な手段で得られたというわけではない。ドイツの収奪政策は、末端の兵士にまで徹底されていたのである。

また、食料のみならず、原料や労働力も収奪の対象となった。前者については、一九四四年三月までに、くず鉄約二〇〇万トン、鉄鉱石一一〇万トン、マンガン鉱六六万トン、クローム鉱一万四〇〇〇トンが、ドイツ本国に運び出されたとする数字がある。後者に関しては、一九四四年六月までに、二八〇万人の住民が強制労働者として、ドイツに送り込まれたという。

第三節　絶滅政策の実行

「出動部隊」編成

語弊があるかもしれないが、前節で概観したような収奪政策は、他国民を餓えさせてでも自国民の支持を確保・維持するという点で、まだしも「合理性」の枠内にあった。しかし、以下に述べる絶滅政策は、戦時下において、貴重なリソースを投入しながら、無意味と思われる虐殺を繰り返すものであった。したがって、一見、「合理性」、とりわけ「軍事的合理性」を逸脱した狂気の行為であるとみえるかもしれない。

けれども、すでに記したように、ヒトラーとナチス・ドイツの指導部にとって、対ソ戦が「世界観戦争」であり、軍事的な勝利のみならず、彼らが敵とみなした者の絶滅を追求する戦争だったという補助線を引けば、まだしも、その論理を知ることができるだろう。しかも、この「絶滅戦争」を支えるイデオロギーは、ヒトラーの脳髄のなかに存在していたのみならず、ドイツ国民統合の原則として現実を規定するようになったことにより、独自のダイナミズムを得ていたのである。

その指標ともいうべき存在が「出動部隊《アインザッツグルッペ》」であった。出動部隊とは、国家公安本部長官ラインハルト・ハイドリヒ親衛隊中将直属の特殊機動隊で、敵地に侵攻する国防軍に後続、ナチ体制にとって危険と思われる分子を殺害排除することを任務としていた。すでにポーランド戦役においても編成されたことがあり、教師、聖職者、貴族、将校、ユダヤ人など、ドイツの占領支配の障害となるであろう人々を殺戮している。

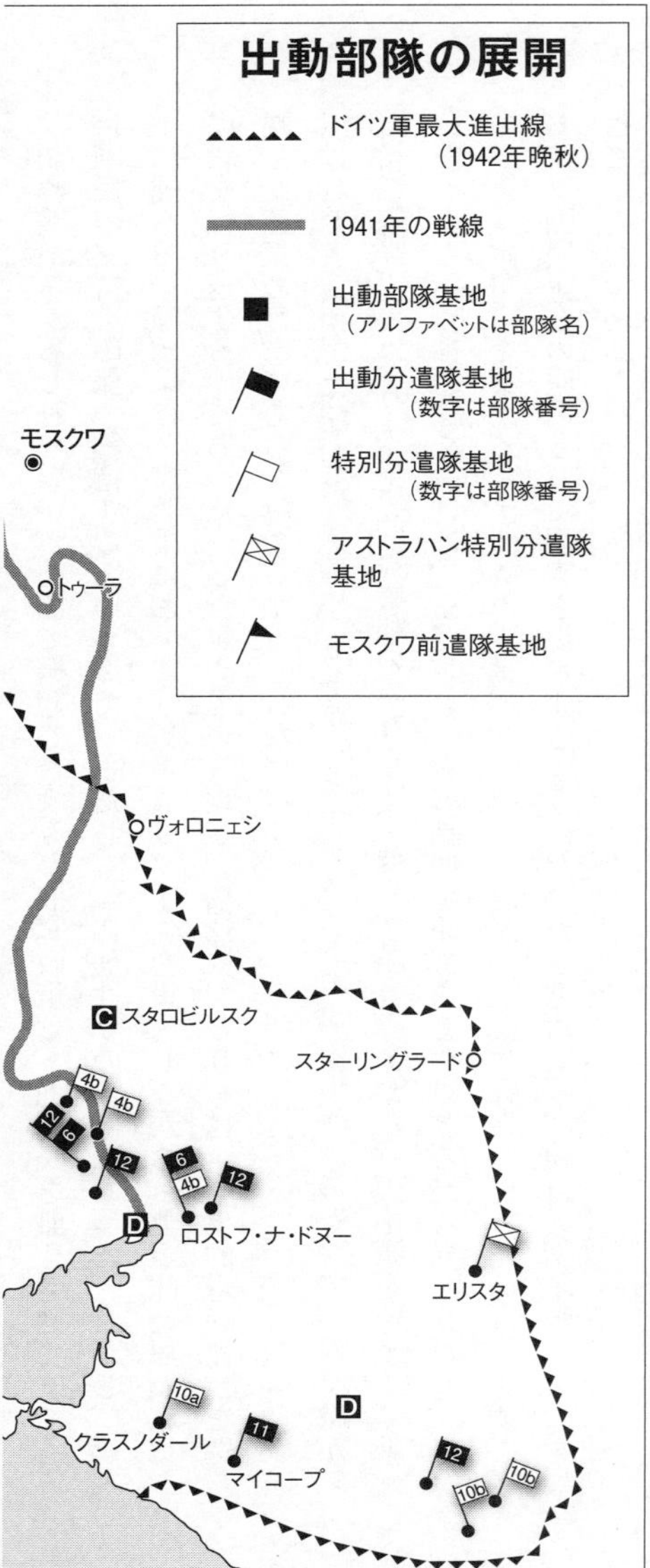

対ソ戦においては、出動部隊の編制はさらに大規模になり、AからDまでの四隊がつくられ、北方、中央、南方の各軍集団、また、クリミア半島の征服にあたる第一一軍に配属された。各出動部隊には、軍隊でいう一個大隊ほど、およそ六〇〇ないし九〇〇名弱の人員が配属され、特別分遣隊、もしくは出動分遣隊に区分された。武装親衛隊、警察などの隊員を中心とする彼

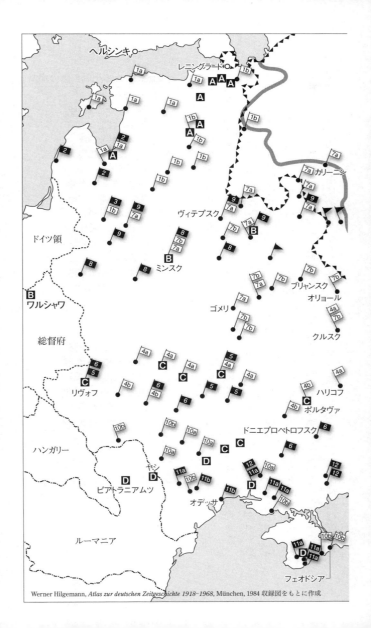

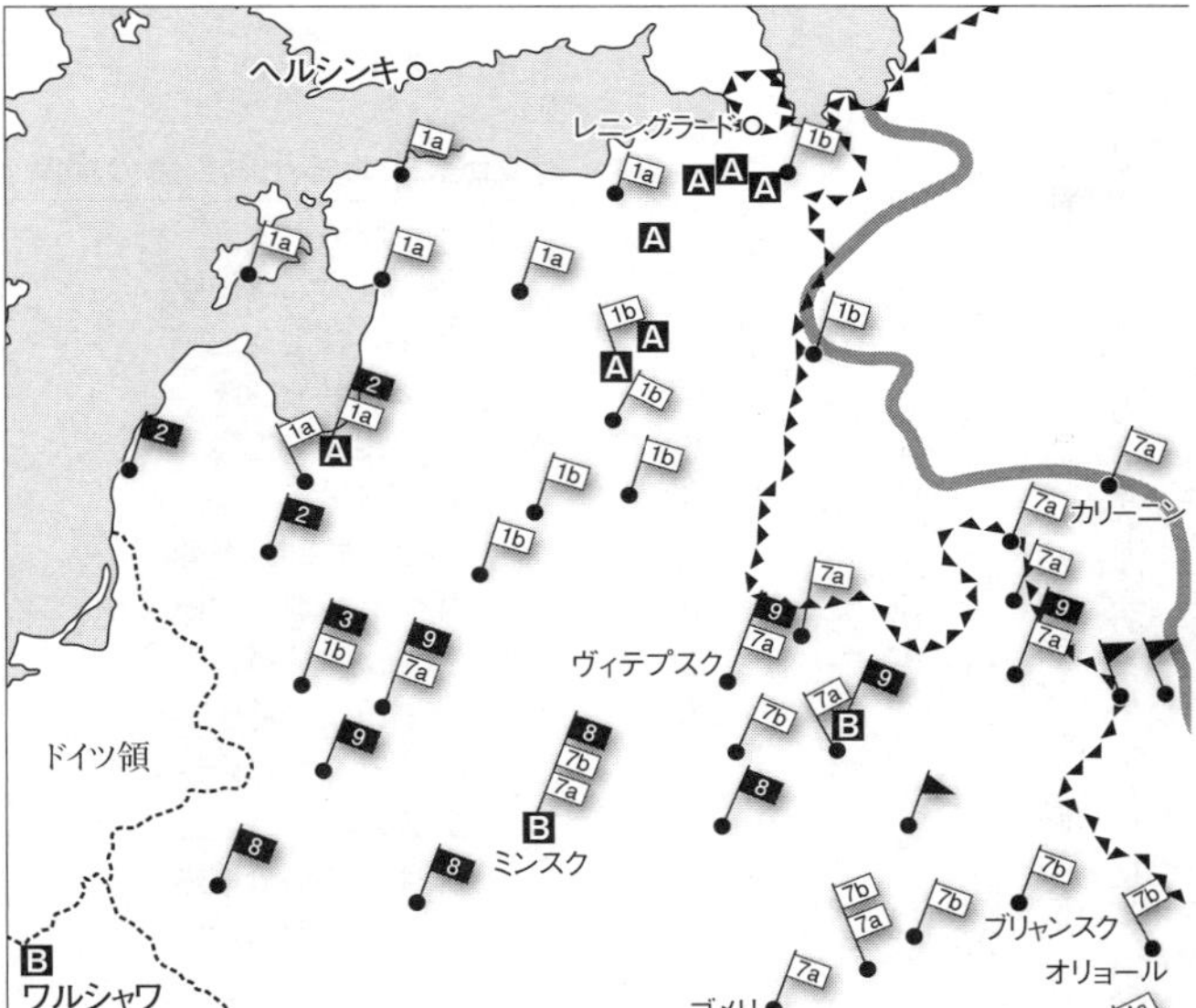

Werner Hilgemann, *Atlas zur deutschen Zeitgeschichte 1918–1968*, München, 1984 収録図をもとに作成

らは、文字通り機動的に出動し、占領地でユダヤ人などの虐殺を実行したのである。

戦後、国防軍の軍司令官たちは、出動部隊の殺戮は、軍の管轄外の後方地域で行われたことで、自分たちには責任がないと主張した。しかし、今日では、一九四一年三月の「ユダヤ・ボリシェヴィキ知識人」を殺害すべしとのヒトラー命令に、OKWも同調していたことがわかっている。同年三月一三日、OKWは、「陸軍の作戦領域では、総統の委任にもとづき、親衛隊全国指導者〔ヒムラー〕が政務行政準備の特別任務を帯びる」ことを承認していたのだ。その結果、ヒムラーの指揮下にあるハイドリヒが出動部隊に指示を下すが、それらへの補給は国防軍

対ソ戦における出動部隊の編制

出動部隊A
　第1a特別分遣隊
　第1b特別分遣隊
　第2出動分遣隊
　第3出動分遣隊
出動部隊B
　第7a特別分遣隊
　第7b特別分遣隊
　第8出動分遣隊
　第9出動分遣隊
　モスクワ前遣隊
出動部隊C
　第4a特別分遣隊
　第4b特別分遣隊
　第5出動分遣隊
　第6出動分遣隊
出動部隊D
　第10a特別分遣隊
　第10b特別分遣隊
　第11a出動分遣隊
　第11b出動分遣隊
　第12出動分遣隊
アストラハン特別分遣隊

ユダヤ人の女性らを射殺する出動部隊D．1941年ドゥボッサルイ(推定)．©Imperial War Museums

が行うと定められる。親衛隊と出動部隊は、ポーランド侵攻のとき以上に、自由な行動が取れるようになった。

出動部隊と国防軍の協同は、通常、つぎの手順を踏んだという。大量殺戮の前に、出動部隊長、または、その隷下にある特別分遣隊か、出動分遣隊の指揮官が、対象となる集落や地域を管轄する国防軍部隊、もしくは業務所に連絡を取り、行動計画を通告する。必要とあらば、当該地の封鎖や殺害対象者輸送用のトラックの提供など、国防軍が支援を与えた。通訳の助けを借り、多くは地元住民から得た情報によって、ユダヤ人が特定され、集められる。そこから、射殺地に運ばれるか、追い立てられるのだ。また、射殺される前には、ユダヤ人は貴重品と着用している衣服を提出させられた。

こうしたやり方で、出動部隊はソ連各地で虐殺を重ねていった。二日間で、女性や子供を含むユダヤ人三万三七七一名の生命を奪った、キエフ近郊バビ・ヤールの殺戮(一九四一年九月)、一九四二年初頭のハリコフにおける一万人の射殺……。出動部隊の手にかかった人々の数は、少なくとも九〇万人と推計されている。ただし、正確な犠牲者の総数は、その膨大さゆえに、今日なお確定されていない。

「コミッサール指令」

絶滅戦争の対象になったのは、民間人だけではない。ソ連軍の各級部隊に配された指揮官の政治的補佐役、「政治委員」も殺害の対象とされた。政治委員とは、共産党による軍指揮官の統制のため、各級部隊に配されていた政治将校で、ヒトラーからみれば、ボリシェヴィキの核心分子と思われたのである。

独ソ開戦前の一九四一年三月三〇日、ヒトラーは、国防軍首脳部との会議において、来たるべき対ソ戦においては、政治委員は捕虜に取らず、殺害するとの方針を示した。OKW統帥幕僚部は、このヒトラーの意向を受けて、「コミッサール指令」(正式名称は「政治委員取り扱いに関する方針」)と通称される命令を起案する。そこには、作戦地域において抵抗した、あるいは、過去に抵抗を試みた政治委員は「除去」する、また、軍後方地域において疑わしい行動を取った政治委員は、出動部隊に引き渡すべしと定められていた。

本指令は、一九四一年六月六日に、配布先は各軍・航空軍司令官までとするとの留保付で、陸海空三軍の総司令官に下達された。それ以下の職階にある指揮官には、口頭で伝えることとされたのだ。国際法に反することを承知しているがゆえの措置であることはいうまでもない。また、一九四一年秋からは、ユダヤ系のソ連軍捕虜も殺されることになった。

こうして、ドイツ軍の捕虜となった政治委員やソ連軍のユダヤ人将兵は苛酷な運命を強いられる。通常のソ連軍捕虜から分別されたユダヤ人のうち、約五万人が命を失ったと推計されている。政治委員については、捕虜となった者およそ五〇〇〇名が前線地域で殺され、別の五〇〇〇名が捕虜収容所や後方地帯で処刑された。これら、戦時国際法に反する殺戮は、出動部隊や公安警察ばかりか、国防軍部隊によっても実行された。

ところが、コミッサール指令は、皮肉な結果をもたらした。捕まれば殺されるのだと知ったソ連軍の政治委員たちは、たとえば、包囲された絶望的な状況にあっても、徹底抗戦を命じ、ドイツ軍を悩ませるようになったのである。ドイツ軍の前線指揮官たちは、コミッサール指令の撤回を求めたが、ヒトラーは頑として応じなかった。包囲されたソ連軍部隊の投降をうながすためにという理由で、コミッサール指令が「実験的」に停止されたのは、ようやく一九四二年五月になってのことであった。

収容所に連行されるソ連軍捕虜たち．
1941 年 7 月．gettyimages

このように、政治委員に対しては組織的な殺戮が遂行されたが、捕虜となった一般のソ連軍将兵も、戦時国際法にのっとった扱いを受けたわけではない。彼らは、非人間的な環境の捕虜収容所に押し込められ、労働を強制されて、死に至った。その背景にあったのは、またしても「世界観」であった。本書の「はじめに」で引用した一九四一年三月の演説で、ヒトラーは有名な言葉を洩らしている。ソ連の敵は、「これまで戦友ではなかったし、これからも戦友ではない」と。敵であろうと戦士としての尊厳を認め、人道的に扱うことなどしないという意味であろう。よって、ソ連軍捕虜に対する待遇は、西側諸国の捕虜の扱いとは、まったく異なるものとなった。

捕虜たちは、食料も充分に配給されず、ろくに暖房もない捕虜収容所にすし詰めにされた上、日々、重労働に駆り出された。一九四一年の段階で、八一の捕虜収容所が設置されているけれども、質量ともに不充分だった。飢餓と凍傷、伝染病のため、多数のソ連軍捕虜が死んでいく。

反抗した、あるいは脱走をはかったとのかどで、射殺される者もいた。ゆえに、最終的な決算は恐るべき数字を示している。五七〇万名のソ連軍捕虜のうち、三〇〇万名が死亡したのだ。実に、五三％の死亡率だった。

この戦争犯罪に関しては、とくにドイツ国防軍の責任が問われている。捕虜に最低限の人道的な待遇を与えることは、軍の義務であり、専管事項でもあったのだが、国防軍指導部は、それを怠ったのである。

ホロコーストとの関連

かつて、ヨーロッパ・ユダヤ人の絶滅は、ヒトラーの人種イデオロギーを動因とし、ナチの政権奪取から、欧州のほぼすべてを占領、ないしは同盟国とする過程で、実現・拡大されたのだと説明されることが多かった。けれども、現在では、ナチス・ドイツは最初からユダヤ人絶滅を企図していたのではなく、国外追放が失敗した結果、政策をエスカレートさせていったとする解釈が定着している。また、追放から絶滅への転換についても、ヒトラーの意図というアクティヴな要因と、それを受けた関連諸機関の競合・急進化というパッシヴな要因が相互に影響し合ってのことだったとする説が有力である。独ソ戦は、この過激化に対し、大きくアクセルを踏む作用をおよぼしたのであった。

ハインリヒ・ヒムラー（左）とラインハルト・ハイドリヒ（右）．gettyimages

そもそも、ナチ政権は、彼らのいう「ユダヤ人より解放された《ユーデンフライ》」ドイツを実現すべく、当初、国外排除の政策を進めていた。公職追放や市民権の剥奪、経済的な締めつけによって、ユダヤ人が自らドイツを去っていくように仕向けたのだ。ところが、ユダヤ人の貧困層、あるいは高齢層は国外に逃れようとせず、ナチスの眼からすれば、もっとも残ってほしくない分子が「滞留」したことになる。加えて、一九三〇年代後半からの領土拡張により、ナチス・ドイツの支配下にあるユダヤ人の数は急増した。開戦と占領地増大は、この傾向にさらに拍車をかける。いうまでもなく、ユダヤ人の海外移住路が遮断されたからである。

ナチス・ドイツは、占領下のポーランド（ポーランド総督府）、仏領マダガスカル、また対ソ戦開始後はロシアの一部と、ユダヤ人を大量移住させる先を探しもとめた。しかし、そのいずれもが破綻した結果、システマティックな絶滅政策へと舵を切っていく。一九四一年三月には、ハイドリヒがゲーリングと、対ソ戦における絶滅の対象について協議している。同年七月三一日、ゲーリングは、「ユダヤ人問題の最終的解決」に必要な措置すべてを取るに当たっての全権を、ハイドリヒに付与し、絶滅政策の総責任者にした。九月、ハイドリヒは、親衛隊大将に進級している。

独ソ開戦後には、前述の出動部隊が組織的な殺戮に踏み切った。彼らが得た経験をもとに、射殺から毒ガスの使用へと、殺害の「効率化」が行われた。一九四一年九月、アウシュヴィッツ強制収容所では、ソ連軍捕虜六〇〇名などに対してガス殺の実験が行われたが、これは同収容所におけるツィクロンBを用いたガス殺の最初の事例である。同年一二月には、ポーランドのヘウムノに、強制労働ではなく、ドイツ語でいう「工場式《ファブリークメーシヒ》」の殺戮を目的とする、最初の絶滅収容所が設置される。一方、やはりポーランドの占領地で、「ラインハルト」の秘匿名称のもと、恒久的な絶滅収容所も建設されつつあった。

一九四二年一月二〇日、ハイドリヒは、ベルリン郊外ヴァンゼーに親衛隊公安部が持っていた保養施設に、ユダヤ人政策に携わる関連機関の実務者たちを招集し、「最終的解決」を協議した。この「ヴァンゼー会議」によって、労働可能なユダヤ人には、劣悪な条件での労働を課して自然に死に至らしめ、労働できない者は毒ガスで殺害するとの計画が了承された。絶滅政策が、正式に国家の方針として採用されたのだ。独ソ戦で試された絶滅政策が、いまやヨーロッパ各地に拡大されることになったのである。

餓えるレニングラード

また、そのような「世界観」にもとづく絶滅政策は、軍事的合理性を以て遂行されるべき作戦指導にも入り込んでいた。一九四一年九月、ドイツ北方軍集団がレニングラードへの連絡路を遮断したことはすでに述べた。しかし、北方軍集団は、包囲したレニングラードを一気呵成《いっきかせい》に陥落させるのではなく、兵糧攻《ひょうろうぜ》めにして干上がらせる策を採った。軍事的には、大きな損害が出ることが不可避の市街戦を避けるという理由付けがなされている。しかし、ヒトラーは実際には、レニングラードを「毒の巣」とみなし、その守備隊のみならず、住民もろともに一掃することを欲していた。彼の相談にあずかる国防軍首脳部も、「ペテルスブルクをとろ火で煮込む」ことを望んだ。

北方軍集団司令部に勤務していた、ある将校は、このように記している。「この都市に進入する企図はない」。レニングラードは「ボリシェヴィズム生誕の地」であり、ゆえに「かつてのカルタゴのごとく、地上から消滅させなければならぬ」。こうして、北方軍集団麾下の第一八軍が、大都市レニングラードを取り囲み、外界からの物資輸送を遮断することになった。

一九四三年一月一八日に解囲されるまで、このドイツ軍の封鎖によって、レニングラード市民が嘗《な》めた悲惨は筆紙につくしがたい。食料備蓄がほとんどない状態で包囲された同市の配給は、とても生命を維持できない量にまで切り詰められた。たとえば、一九四一年末のパンの配給は、一日に一二五グラムにすぎなかったのだ。飢餓がレニングラードに蔓延した。ある医師は、つぎのように回想している。「一二月になって、餓えに寒さが加わり、公共交通機関が停止すると、死者が出てきた。凍えて、餓えた人々は、誠実にその〔労働の〕義務を果たした。一日に一二五グラムのパンと腐りかけたキャベツの葉か、パン種のスープを摂っただけということがしばしばだったのに、とぼとぼと何十キロも歩いていったのである」。

食料にするため路上で死んだ馬を解体している女性．1941 年レニングラード．gettyimages

　こうした窮境にあって、人肉食が横行するようになった。一九四一年一二月一三日付の内務人民委員部（ＮＫＶＤ）の文書には、最初の人肉食に関する報告が現れている。一九四二年一二月までに、ＮＫＶＤは、死肉食・人肉食の嫌疑で二一〇五名を逮捕した。ただし、当時のレニングラードのＮＫＶＤは、体制に従順でない分子を逮捕する名目に人肉食を使ったと伝えられているから、実際の数は判然としない。なお、人肉食に関するＮＫＶＤの報告が公開されたのは、ようやく二〇〇四年になってのことだった。

市民の死亡率も、たちまちはね上がった。一九四一年一〇月には、それまでの月平均死亡数より約二五〇〇人増、一一月にはおよそ五五〇〇人増である。この数字は、一二月には、おおよそ五万人増にまで上昇した。加えて、ドイツ第一八軍には、市民の降伏を受け入れてはならないとの命令が下達されていた。同軍麾下のさまざまな部隊の記録には、「繰り返された突囲《とつい》に際して、女や子供、丸腰の老人を撃った」と記載されている。

もっとも、レニングラードの惨状を招いたのは、ドイツ軍だけではない。革命の聖都を放棄することをよしとしなかったスターリンは、敵がレニングラードの門前に迫っても、市民の一部しか避難させなかった。その結果、およそ三〇〇万人が包囲下に置き去りにされることになった。さらに、レニングラードの防衛態勢を維持するために、ＮＫＶＤの秘密警察も冷厳な対応を取った。動揺する者、統制に従わない者を「人民の敵」として狩り立てたのだ。一九四二年六月から九月にかけて、レニングラードでは、九五七四名が逮捕され、うち「反革命集団」の六二五名が「根絶」されたとある。

結局、九〇〇日におよぶ包囲の結果、一〇〇万人以上が犠牲となったとされるが、正確な数字は確定していない。ヒトラーは、モスクワやスターリングラードも同様の運命に陥れるつもりだったと唱える研究者もいる。周知のごとく、軍事的敗北により、それは現実とならなかった。

第四節　「大祖国戦争」の内実

スターリニズムのテロ支配

一九二〇年代末より形成され、一九三〇年代に完成されたスターリン独裁は、個人崇拝、秘密警察による統制を前提とした恐怖政治、体制にとって不都合な者の粛清・追放といった特徴を有していた。スターリンの「敵」とみなされた人々は、あるいは処刑され、あるいはシベリアの労働収容所に押しやられた。こうした「スターリニズム」と呼ばれる統治は、独ソ不可侵条約に付属する秘密議定書にもとづき、ソ連が西方に勢力を伸ばすに至って、国外にも拡張されることになる。占領されたバルト三国やポーランド東部では、聖職者や大学教授、官吏や軍将校といった、ソ連に対する抵抗の核となり得る分子の殺害や追放が実行されたのである。

そのなかでも悪名高いのは、カティンの殺戮であろう。一九四〇年三月五日、ＮＫＶＤは、ソ連軍の捕虜となったポーランド軍将校の抹殺を提案した。スターリンとソ連共産党政治局は、これを承認、スモレンスク西方二〇キロの地点にあるカティンの森で、捕虜となったポーランド軍将校が大量に射殺された。ほかにも、カリーニンやハリコフの監獄で処刑が行われており、殺害されたポーランド軍将校（警察の幹部も含む）の総数は二万二〇〇〇名におよんだと推計されている。この蛮行が、軍事的な抵抗運動の芽をつむことを狙っていたのはいうまでもない。

かかる国内外での抑圧の主役となったのは、秘密警察であった。ソ連の秘密警察は、一九一七年にレーニンが創設した「チェカー」から、ＧＰＵ《ゲーペーウー》（国家政治局）、ＯＧＰＵ《オーゲーペーウー》（国家政治保安部）と改編・拡充されていたが、一九三四年に、他国の内務省にあたる機関であるＮＫＶＤ《エヌカーヴェーデー》（内務人民委員部）に統合された。それによって統制機能をつよめたＮＫＶＤは、一九三〇年代後半に共産党や軍内部の粛清にあたった。加えて、国民のあいだにも、体制側のスパイや密告者の網を張りめぐらし、テロ支配の態勢を完成させていく。

しかし、一九四一年六月二二日に、ドイツの奇襲を受けてソ連軍が大敗するとともに、スターリニズムの脆弱性もあらわになった。ウクライナや旧バルト三国では、ドイツ軍はスターリン体制からの解放者として歓迎された。また、開戦半年のあいだに、数百万のソ連軍将兵が捕虜になったのは、スターリニズムに対する一般的な拒否意識の表れだったとするのは、おおかたの西側研究者が同意するところである。ただし、この反スターリン意識も、ドイツ軍や親衛隊の残虐行為があきらかになるにつれて消えていき、民衆も体制支持に転じたとされる。

こうした事実から、ドイツ軍が反スターリン的な民衆感情を利用し、彼らにしかるべき待遇を与えれば、対ソ戦に勝利できたと推測する説もある。だが、本書で示したように、ドイツのソ連侵攻は人種主義的な収奪を前提としていたのだから、その種の議論は、歴史のイフとしても成り立たないものであろう。

ナショナリズムの利用

右の説に疑問を持たせるような事実も存在する。ドイツの蛮行が知れわたる前に、数百万の人々がすでに赤軍に志願していたのである。また、ソ連軍はたしかに多数の捕虜を出したものの、一方では執拗な抵抗を繰り広げ、ドイツ軍を悩ませた。したがって、かつての西側研究者の解釈では、説明しきれない部分があるのは間違いない。

旧ソ連の研究者の多くは、こうした志願兵の数や抗戦の激しさこそ、民衆が体制を支持していた証拠だと主張してきた。ところが、こちらの説を取った場合には、右に示したドイツ軍が「解放者」とみなされたという史実と齟齬を来す。そこで注目されるのは、ソ連が、開戦直後にナショナリズムと共産主義体制支持を合一させるのに成功したことであろう。スターリンとソ連政府が、対独戦の名称を「大祖国戦争」と定めたことは、それを象徴している。本書冒頭で述べたように、一八一二年のナポレオンの侵略撃退は、聖なる戦いとして、ロシア人の歴史的記憶となっていた。スターリンは、今度の戦争は、その「祖国戦争」に匹敵する闘争、いや、それ以上の国民の運命がかかった「大祖国戦争」なのだと規定したのである。

この「大祖国戦争」の名は、ドイツ軍侵攻の翌日、一九四一年六月二三日の共産党機関紙『プラウダ』に発表された論説に初めて現れ、すぐに対独戦の公式呼称となった。それは、スターリニズムへの嫌悪を抑えるとともに、ロシア革命以来、共産主義政権が達成してきた工業化や生活水準向上などの成果を訴え、そうした果実を生み出した体制と祖国とを同一視させるメタファーであった。つまり、ナショナリズムと共産主義体制の擁護が融合されたのだ。

「ドイツの占領者どもに死を！」.
ソ連のプロパガンダポスター.
ドイツ歴史博物館蔵

これを、より具体的にみていく上では、アメリカのソ連研究者ロジャー・R・リースの説明が有効だろう。リースは、圧倒的な数の国民がソ連軍に志願するにあたっては、七つの理由が考えられ、それらは内的要因と外的要因に区分できるものとした。

内的要因は、自らの利害、個人的な経験から引き起こされたドイツ人への憎悪、スターリン体制の利点に対する評価、先天的な祖国愛である。この祖国愛は、ロシアという歴史的な観念、あるいは、社会主義の実験に向けた信念を基盤にし得た。これら、二つの要素により、必ずしもスターリニズムの国家を支持していなくとも、国民に愛国的な動機付けを持たせることができた。

外的とみなされる要因は、国家によって形成されるか、社会的に生成されたものだった。すなわち、志願せず、また、徴兵逃れをして、処罰されることへの恐れ、公式プロパガンダがかき立てた敵に対する憎悪、社会の同調圧力であった。

それらの要因によって、ナショナリズムと共産主義体制の擁護が融合された上に、対独戦の正当性が付与された。一九四一年六月二二日、独ソ開戦を告げる演説で、モロトフは、こう断じている。「われわれの大義は善である。敵は潰滅するであろう。勝利は、われわれのものとなろう」。

こうして、ソ連国民は動員され、旺盛《おうせい》な戦争遂行意欲をみせた。一例を挙げれば、労働者たちは、「ファシストの侵略者」に打ち勝つために、一週七日間、一日あたり八ないし一二時間の勤務態勢をも甘受したのだ。ドイツの研究者クリスティアン・ハルトマンのいう「ソ連の国家性と大ロシア的色づけ、技術的なモダニティと歴史的な神話のきわめて特殊な合金、ソ連愛郷主義」が生まれ、ボリシェヴィキ・イデオロギーの諸要素と混合されたのである。

その結果、ソ連側においても、対独戦は、通常の戦争ではなく、イデオロギーに規定された、

パルチザンとして処刑される前の女性ら．1941 年ミンスク

交渉による妥協など考えられぬものとなっていく。かかるソ連側の「世界観」は、ドイツのそれとの対立のなかで、いっそう過激化し、独ソ戦を凄惨なものとしていく。

パルチザン

右記のようなソ連の国民動員が、はっきり効果をおよぼしたのは、パルチザン戦であった。開戦直後、スターリンは、「ファシスト抑圧者に対する祖国国民戦争」、すなわちパルチザン活動を行うように、占領された地域の住民に求めたが、反応ははかばかしくなかった。パルチザンを組織するため、幹部要員がパラシュート等で送り込まれたものの、多くは消息を絶った。この時期、ドイツ軍を苦しめていたのは、パルチザンよりも、撃破されたソ連軍部隊の生き残りであった。彼らは、森や湿地に立てこもり、機をみては、ドイツ軍の後方連絡線を攻撃していたのだ。

ドイツ軍は事態を危険視し、住民を人質にしては殺害する、または、ソ連の敗残兵を捕虜としても、その場で射殺するといった措置を取った。むろん、これは逆効果であり、スターリンのナショナリズムによる動員の効果と相俟って、かえって真のパルチザンを生み出すことになった。一九四一年秋以降、ドイツ軍後方地域に対する攻撃が多発しはじめたのである。ドイツ軍の戦線後方に有力なパルチザン部隊が簇生《そうせい》、一九四二年春までには、モスクワの「中央参謀部」の統一指揮を受ける一大戦闘組織に成長していた。

一九四二年九月、スターリンは檄を飛ばした。本戦争が、幹部要員のみならず、全国民の任となるときがついに来たと宣告したのだ。橋梁や道路施設が破壊され、ドイツ軍の後方拠点が攻撃される。やがて、ソ連のパルチザンは、前線の戦闘部隊を引き抜いての制圧作戦を必要とするほどの脅威になっていった。

ソ連軍による捕虜虐待

ドイツ軍に捕らえられたソ連軍捕虜が苛酷な扱いを受け、きわめて高率の割合で死に至っていたことは、すでに述べた。しかし、ソ連軍の捕虜に対する対応も、けっして戦時国際法にかなう人道的なものではなかった。そもそも、開戦からの数か月においては、捕虜となったドイツ兵をその場で殺すことがしばしばだった。ソ連軍将兵は、ドイツ側が政治委員は捕虜とせず殺害せよとの指令を出していることを知り、報復措置を取ったのである。それが止んだのは、捕虜からの情報が得られなくなることを危惧した赤軍大本営《スタフカ》により、捕虜殺害は処罰するとの指令が出されてからであった。

だが、そのような措置が取られたからといって、ドイツ軍捕虜の生命が安全になったわけではなかった。まず、臨時収容所、さらに捕虜収容所へ向かう途中で、多数の将兵が命を落とした。医師の手当てもなく、食料も与えられぬまま、ときには数週間におよぶ徒歩の行進に耐えられなかったのだ。捕虜収容所に入ってからも、破壊された建物や地下壕、天幕などで寝泊まりする状態で、重労働を強いられた。

捕虜の給養も最低であった。一日あたり、四七〇ないし六七〇グラムのパンが供されたとの数字が残ってはいる。けれども、そのパンは往々にして、生地に大量の水を加えて、かさを増やしたものだった。副食物についても、ジャガイモの皮や魚の頭、犬猫の肉が出されたという。夏季には、捕虜が野草摘みに駆り出され、それでスープをつくったものの、毒草であったため、多くの死者を出した例もあった。

こうした低劣な環境で、飢餓や伝染病による死、凍死、衰弱死があいついだ。一九四一年六月の開戦から一九四三年二月までに、一七万ないし二〇万のドイツ軍将兵が捕虜になったが、そのうち、捕虜収容所で生き残ったのは五％にすぎなかったと推計されている。ソ連軍の捕虜に対する待遇は、ドイツ軍ほどではないとしても、同様に、国際法を踏みにじった惨酷なものだったのである。

第四章　潮流の逆転

第一節　スターリングラードへの道

ソ連軍冬季攻勢の挫折

ここで、叙述を軍事面の展開に戻そう。一九四一年一二月五日、ドイツ軍のモスクワ攻略作戦は、補給不足と悪天候、ソ連軍の頑強な抗戦に遭って、中止に追い込まれた。この日のモスクワ地域の気温は、零下二五ないし三〇度、積雪一メートル以上と記録されている。

ソ連軍は極寒を衝いて反攻に出た。ドイツ軍の攻撃が止まった五日の午前三時、モスクワ北方の都市カリーニン周辺で予備攻撃が加えられる。翌日、モスクワ前面で三個軍が攻撃にかかった。ドイツ軍はちょうど攻勢から防御に移る途中の脆弱な状態にあったから、最悪のタイミングで捕捉されたものといえる。その結果、ドイツ軍は大幅な後退と抵抗拠点の放棄を強いられた。攻勢開始から二日で、モスクワの北と西に位置する諸都市が奪回される。モスクワ前面にあったドイツ軍部隊は、包囲の危険にさらされ、重装備や車輛の多くを捨てて敗走した。モスクワ南方では、ドイツ第二装甲軍が大打撃を受けて、退却に追い込まれた。以後の同地域でのソ連軍はめざましい進撃をみせ、八〇ないし一〇〇キロも前進した。

前線へ向かう前に赤の広場でパレードするソ連軍兵士たち．1941年モスクワ

こうして、モスクワを南北からうかがう態勢にあったドイツ軍も、一九四二年初頭には、完全に撃退されていた。なかには、二五〇キロの後退を余儀なくされた部隊もあったほどである。

だが、モスクワ前面の反攻に参加したソ連軍諸部隊は、実は、装備豊かでもなければ、潤沢な補給を受けていたわけでもなかった。その多くは、直前までの首都防衛戦で消耗しているか、兵員こそ、かき集めたとはいえ、貧弱な兵器や装備しか持たない新編部隊だったのだ。たとえば、西正面軍麾下の第一〇軍（二度の潰滅を経たのち、一九四一年一一月二四日付で第三次編成がなされた）などは典型的な例で、重砲や戦車はなく、歩兵火器、通信機器、工兵資材、トラックなども全般的に不足していた。そうした実情からすれば、モスクワ反攻の成功は、最後の戦力を投入して獲得したものだったといえるし、その本来の目的も、首都前面の脅威を排除することでしかなかった。

にもかかわらず、期待以上の勝利に有頂天になったスターリンは、一九四二年一月七日、ほとんど全戦線にわたっての攻勢を命じた。北ではレニングラードの解囲、モスクワ正面ではドイツ中央軍集団の撃滅、南ではハリコフ周辺の工業・資源地帯奪還とクリミア半島解放が目標とされる。前述のごとき、疲弊した、あるいは、間に合わせで編成された部隊には、あまりにも過大な要求であった。

当然のことながら、スターリンの総反攻は、ことごとく失敗した。レニングラード救援を命じられたヴォルホフ正面軍は、あらたに生産された砲を受領したけれども、照準装置が取り付けられておらず、ソ連砲兵総局長官が、それらを満載した輸送機に同乗し、自ら送り届けるありさまだった。このような部隊を以てする攻撃が成功するはずもなく、レニングラード解囲もならぬまま、いくつかの軍が反撃を受け、孤立してしまう。

モスクワ西方での攻勢も竜頭蛇尾の結果に終わった。各地でドイツ軍に打撃を与え、突破口を開いたにもかかわらず、先鋒部隊に充分な兵力を後続させて、戦果を拡張することができなかったのだ。南部ロシアでの攻勢も、イジューム付近で戦線突出部をつくり、クリミア半島の東端、ケルチ半島に橋頭堡を築いただけにとどまった。スターリンは、すべてを得ようとして、何ものをも得られなかったのである。ドイツ軍は、かろうじて潰滅をのがれた。

死守命令と統帥危機

しかし、ソ連軍の冬季連続攻勢、とりわけ一九四一年一二月から翌年一月のそれは、無敵と称してきたドイツ軍に初めて敗北の苦杯を嘗めさせ、同時に深刻な危機感を抱かせていた。この窮境に対応すべく、ヒトラーは一九四一年一二月一六日に、現在地を死守せよとの仮借ない要求を発した。軍司令官・軍集団司令官といえども、総統の許可なくしては、一歩たりとも退却を命じてはならないとしたのだ。

陸軍総司令官ブラウヒッチュ元帥をはじめ、この方針に反対した高位の軍人たちは、つぎつぎと解任された。そのなかには、ドイツ軍装甲部隊の創設と発展に大功があった第二装甲軍司令官グデーリアン上級大将、陸軍の長老である南方軍集団司令官ゲルト・フォン・ルントシュテット元帥も含まれている。死守命令が「統帥危機」をもたらしたのであった。

「パウル・カレル」ことパウル・シュミットや国防軍の元将官らの何人かは、戦後、本事例に関しては、ヒトラーの死守命令は正しかったとしている。苛酷な状況下、大幅な退却を許せば、それは潰走につながったにちがいないと説いたのである。だが、今日では、そうした主張は成立しないものとされている。ソ連邦崩壊後の機密解除により公開された文書からは、当時のソ連軍が必ずしも充分な打撃力を有していなかったことが見て取れる。戦史家グランツとハウスが喝破したように、「ドイツ軍が生き残ったのは「死守」命令ゆえではなく、ソ連軍が実行可能である以上のことを試みたから」であった。

さりながら、ソ連軍の冬季攻勢と、そこから生じた統帥危機は、思いがけない効果をおよぼしていた。ヒトラーの政権掌握以後にあっても、国防軍、とくに陸軍は、独立した地位を維持し、ナチスに全面的に従うことはなかった。一九四〇年のフランスに対する電撃的勝利ののち、ヒトラーの威信は極度に高まったが、国防軍はなお独自の地位を占めていたのである。しかし、統帥危機によって、陸軍首脳部の少なからぬ部分が現役を去った。とくに注目すべきは、ブラウヒッチュの後任として、ヒトラー自らが陸軍総司令官の地位に就いたことであろう。つまり、統帥危機は、ヒトラーに異論を唱えかねない将軍たちを遠ざけ、総統の軍事指導権を絶対的なものとする効果をおよぼしたのだ。

先に述べたように、一九四一年から一九四二年にかけての冬に、ドイツ軍を潰滅から救ったのは、ソ連軍が実力を顧みない総花的攻勢を強行したからであった。ところが、ヒトラーは、死守命令こそが危機を克服したと思い込み、おのが軍事的才能を信じて疑わぬようになった。以後、彼は、軍人たちの反対を押し切り、軍事的合理性にそむくような指令を乱発していく。

モスクワか石油か

いずれにせよ、一九四二年春の泥濘期が訪れるとともに、大規模な軍事作戦を実行することは不可能になった。戦線は膠着し、独ソ両軍ともに戦力の回復をはかる。

ドイツ東部軍は、甚大な損害を被っていた。それを端的に表すものとして、軍を動かすリーダーである将校の死亡数をみよう。一九四一年六月末から一九四二年三月までのあいだに失われた将校は一万五〇〇〇名であった。一九三九年の開戦からソ連侵攻に至る二年弱の期間に死亡した将校が一二五〇〇名であったことを考え合わせれば、この数字の意味するところがあきらかになろう。しかも、死んでいった者の多くは、直接、前線で指揮を執る尉官級(少尉から大尉)の将校であったから、ただちに部隊の戦力低下につながった。

その冷厳な事実は、ドイツ軍首脳部もよく認識していた。一九四二年三月末に陸軍参謀本部が行った東部軍戦力査定によれば、「あらゆる任務に適する」のは、全部隊の五％、わずか八個師団にすぎなかったのだ。「バルバロッサ」作戦開始直前の戦力査定では、東部軍所属の師団すべてのうち、六四％が右のカテゴリーに入り、攻勢への投入が可能だったのだが、九か月の激戦は、東部戦線の戦力をここまで低下させていたのである。

むろん、ドイツ軍は損害の補充に努め、一九四一年一二月には二八万二三〇〇名を追加召集したものの、焼け石に水だった。これらの新兵は訓練を必要としたし、その三分の二は、生産力を犠牲にして、軍需工業の労働者から徴兵された人々だったのだ。

物質的な損耗も莫大だった。たとえば、中央軍集団は、モスクワ前面よりの撤退に際して、多数の重装備を失っている。その結果、一九四二年一月三一日の調査によれば、中央軍集団は、対戦車砲四二六二門、迫撃砲五八六九門、大型火砲三三六一門の定数不足を来していた。また、一九四二年三月末には、東部戦線にあった装甲師団一八個の稼働戦車をすべて合わせても一四〇両しかないという事態が生じている。通常なら、一個装甲師団の保有数だ。

かかる窮状をみて、ヒトラーも方針を変えた。前年夏、東部戦線の勝利に眩惑されたヒトラーは、ソ連崩壊は近いと考え、軍備の重点を対英戦遂行に移すと決め、海空軍の装備生産を陸軍のそれに優先させるとの指令を下していた。だが、軍備の優先順位は再び逆転した。一九四二年一月一〇日、ヒトラーは、陸軍前線部隊の装備を補充し、機械化を進めるための装備生産を第一義とすると命じたのである。とはいえ、労働力や原料・燃料の不足がただちに解消されるはずもなく、ドイツの生産力増強は当面足踏みすることになった。

このような状況下、戦争二年目に突入した東部戦線で何をなすべきか。

ヒトラーの承認を受けて、一九四一年九月一日に、陸海空三軍総司令官ならびに外務大臣に配布されたOKW長官の覚書には、「ロシアの崩壊は、他の戦線から引き抜けるすべての兵力を使用して強制しなければならない、つぎの決定的な目標である。それが一九四一年中に完全に実現されない限り、一九四二年の東部作戦の継続が第一になる」と述べられている。もし、大西洋での偶発的な戦闘から、アメリカとの戦争に突入していたなら、「他の戦線から引き抜けるすべての兵力を使用」することも困難になっていただろう。だが、日本の参戦により、ひとまず英米の戦力は極東に牽制されている。この好機を生かして、一九四二年にソ連を打倒することは、ドイツにとって至上命題だった。

ところが、ヒトラーと陸軍首脳部の見解は、またしても対立した。OKHが政治的・経済的な中心であるモスクワ攻略を再び試みるべしと主張する一方、総統はコーカサスの石油を欲した。一九四二年春の前線訪問に際し、ヒトラーは、マイコープとグロズヌィの石油が得られないのであれば、戦争を止めなければならないと述べている。彼にとって、石油は戦争の勝敗を決する目標であった。

しかし、右に述べたような東部軍の弱体化を前提とするならば、「バルバロッサ」作戦のような全戦線にわたる攻勢はもちろん、モスクワと石油の二兎を追うことも不可能である。いずれかを選ばなければならない。いうまでもなく、決定権を握っているのは、ヒトラーだった。

「青号」作戦

四月五日、一九四二年の作戦を定めた総統指令第四一号が下達された。経済的目標を主眼に置いた「青号《ファル・ブラウ》」作戦(六月三〇日より、秘匿名称を「ブラウンシュヴァイク」に変更)が決定されたのだ。そこには、「まず第一に、南方戦域での主作戦のため、使用し得る戦力のすべてを集中すべし。目的は、ドン川前方の敵を殲滅、しかるのちにコーカサスの油田およびコーカサス山脈を越える通路までも確保することである」と定められていた。モスクワか石油かという命題に対して、ヒトラーは後者を選択したのであった。

このように、政治的な目標よりも軍需経済上の要衝を狙うという構想に、「青号」作戦の顕著な特徴があった。もっとも、軍事的にも注目すべき点はある。前年、一九四一年には、ドイツ東部軍は三個軍集団をフルに使用し、バルト海から黒海までの約三〇〇〇キロの戦線にわたって、作戦・戦術上の勝利のみならず、ソ連を打倒することを目的とした戦略攻勢をしかけた。しかしながら、一九四二年には、全戦線で攻勢を実行することなど、もはや不可能であり、南方軍集団、すなわち、ただ一個の軍集団に戦力を集中して、ソ連を屈服せしめるような打撃を加えることを試みるしかなかった（ただし、総統指令第四一号では、東部戦線の作戦目的は一つずつ段階的に達成していき、条件が整えば、レニングラード攻略を行うとしている）。換言すれば、一九四二年のドイツ東部軍はなお戦略攻勢を遂行する力を有していたけれども、それは限定的かつ貧弱なものにならざるを得なかった。

また、「青号」は作戦的な問題もはらんでいた。地図をみれば一目瞭然で、油田地帯へ向かう部隊がコーカサスに突進すればするほど、その東側面は延びる一方となり、ソ連軍の反撃に対して、きわめて脆弱となる。東のスターリングラードと南のコーカサスに対する二正面作戦

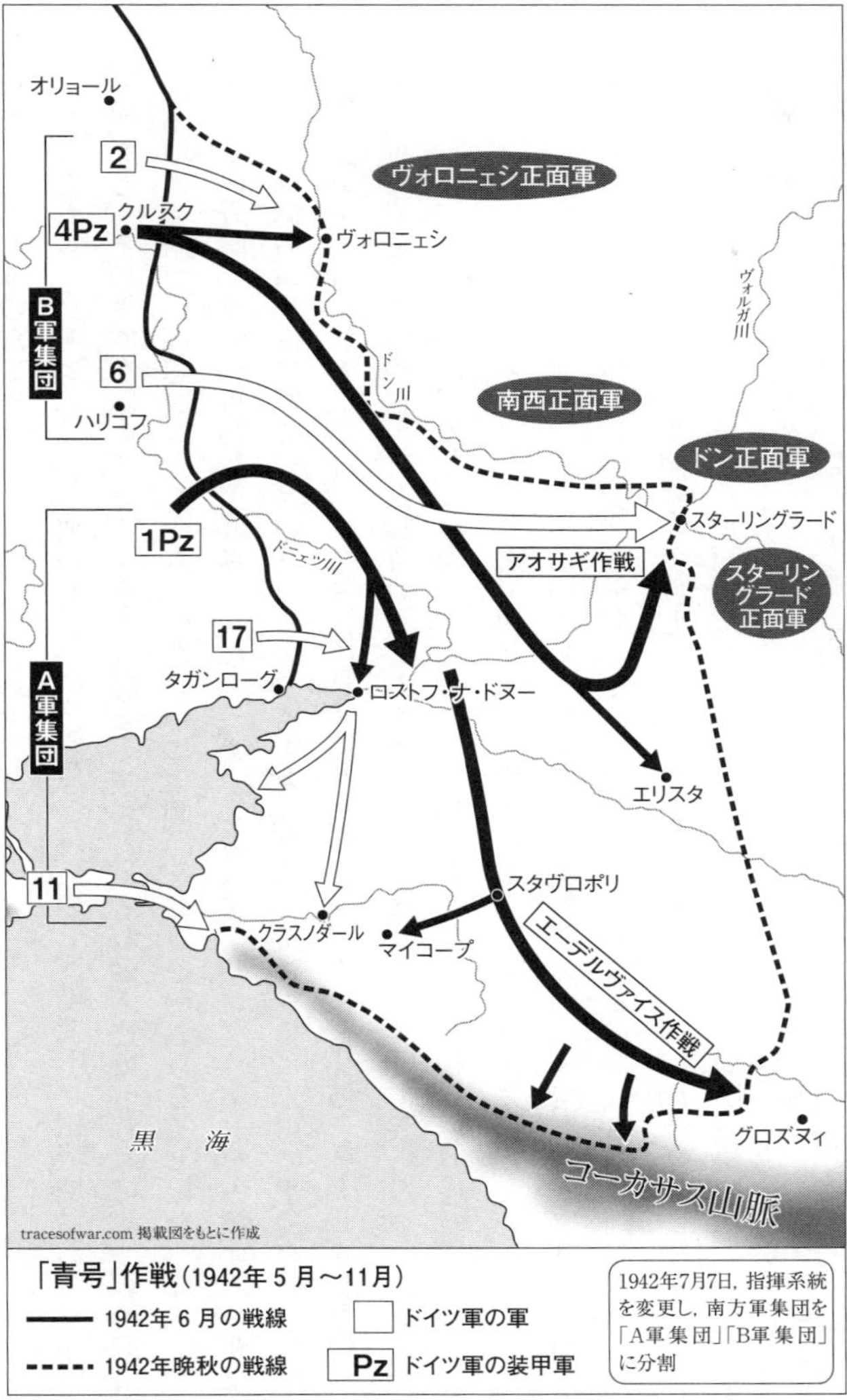

「青号」作戦（1942年5月〜11月）

—— 1942年6月の戦線　□ ドイツ軍の軍

- - - - 1942年晩秋の戦線　Pz ドイツ軍の装甲軍

1942年7月7日，指揮系統を変更し，南方軍集団を「A軍集団」「B軍集団」に分割になってしまうのだ。

そうした事態におちいるのを避けるため、「青号」は、第一段階でドン川流域にあるソ連軍を殲滅し、その脅威を除去することを大前提としていた。それさえ達成されれば、つぎの段階、油田地帯へ向かう部隊がコーカサスへの進撃中に東側面をおびやかされることはなくなる。また、この野戦軍撃滅の目的が達成されたなら、必ずしもスターリングラードを占領する必要はなく、火砲の射程内に収め、ソ連経済にとって重要な意味を持つヴォルガ川の水運を断つだけでもよいとされていた。実は、「青号」作戦発令の時点では、スターリングラードは無力化するだけで充分な程度の目標と認識されていたのだ。

さらに、ヒトラーは、のちになって、おおいに不利に働く過ちを犯した。前述のごとく、ドイツ東部軍は「バルバロッサ」作戦発動以来、大損害を被り、兵力不足に悩んでいる。そのため、南方軍集団の東側面、ドン川沿いの戦線の掩護に、枢軸側の同盟国であるイタリア、ハンガリー、ルーマニアのロシア派遣軍をあてることとされたのである。これら三か国の軍は、装備や訓練において、ドイツ軍に見劣りし、かつ、ソ連軍に対抗するのが困難な状態にあった。ゆえに、これらの軍が担当した正面は、ソ連軍の反攻に直面するや、堤防の決壊につながる突破口と化していくことになる。

妄信された勝利

一方、スターリンは、先手を打つのではなく、ドイツ軍の攻勢を吸収してから反攻に出るべきであるとした将軍たちの進言を容れ、戦略的防御を基本方針に定めた。しかし、彼もまた過ちを犯していた。ドイツ軍が一九四二年にめざすのは、南部ロシアやコーカサスではなく、前年同様に首都モスクワであると思い込んだのだ。結果として、スターリンは、ソ連軍の総予備をジューコフにゆだね、モスクワ地区に控置させた。

ただし、前年の冬季攻勢により、ドイツ軍はきわめて弱体化しているものと確信したスターリンは、南方のハリコフ周辺およびクリミア半島において敵の戦力を減殺するための限定攻勢を命じている。だが、こうした反攻は、ドイツ軍が南方攻勢のために兵力を集中していることを看過したものであり、結局は自らの兵力を消耗させるだけのことになった。

ハリコフ攻勢は、当初こそ成功を収めたものの、ドイツ軍の巧妙な反撃により、撃退された。南西正面軍は大損害を出して、敗退する。クリミア半島の戦況も同様であった。ドイツ軍に攻囲されていた要塞・軍港であるセヴァストポリを解放すべく、攻撃を続けていたクリミア正面軍は手痛い打撃を受けた。側面を衝かれ、撃退されたのである。この戦闘の結果、クリミア正面軍に妨害されることはなくなったとみたドイツ軍は、六月二日、セヴァストポリ要塞攻略に着手した。多数の火砲と航空機に支援された攻撃を受け、同要塞は七月一日に陥落する。

こうした前哨戦において、ソ連軍は惨敗を喫したが、「青号」作戦の準備を妨害する効果はあった。六月一日、南方軍集団司令部を訪れたヒトラーは、攻勢発動日を六月二八日に延期することを了承した。

だが、六月一七日、ドイツ軍首脳部を震撼させた事件が起こる。偵察中の作戦参謀を乗せた航空機が対空射撃を受けて、ソ連軍戦線の後方に不時着したのだ。この参謀は、機密保持の規則を破って、「青号」作戦の関連文書を携帯しており、それがソ連軍の手中に落ちたのである。つまり、「青号」作戦の概要は、ソ連軍の察知するところとなったと考えるしかない。しかし、二八日に開始される作戦の計画を、今から変更するわけにはいかなかった。ドイツ軍としては、敵に知られているであろう作戦を強行せざるを得ない。

ところが、ドイツ軍の攻勢はモスクワに向けられるとの固定観念のとりこになっていたスターリンは、こうした貴重な情報でさえも、欺騙工作であるとして一顧だにしなかった。予備兵力が南方に振り向けられることはなく、それらはモスクワ地域に留められたままだった。

一九四二年六月二八日に発動された「青号」作戦は、再び奇襲となった。ドイツ第二軍、第四装甲軍(一九四二年一月、第四装甲集団より改編)、ハンガリー第二軍が攻撃を開始し、突破口を広げていく。二日後、豪雨のために、作戦開始を延期していたドイツ第六軍も、ハリコフ東方からの攻勢にかかった。

スターリンは、機械化部隊の反撃によって、敵を食い止めよと命じた。けれども、いまだ大規模な機動戦の経験に乏しいソ連戦車軍団は、ドイツ軍に翻弄され、各個撃破されてしまう。このとき、スターリンと赤軍大本営は、いまだに南方攻勢など支攻にすぎないと信じていた。実に七月五日の時点になってもなお、ドイツ軍の主攻は、これからモスクワに向けられると判断していたのである。そのため、南部ロシアにある諸部隊についても、限定的な後退しか許していなかったのだが、七月一〇日になって、スターリンはようやく事態を認識し、大幅な撤退を認める。しかし、ドイツ第六軍はすでに、それらの部隊が退却を予定していた地域に先回りしていた。もはやスターリンも、ドイツ軍の主攻勢は南方に向けられていると認識せざるを得ない。続く二日間のうちに、ドン川東岸の線に新手の五個軍を配置し、ドイツ軍のさらなる東進を防ぐべしとの命令が下された。

一方、ドイツ軍は攻勢方向が東と南東に分離していることに鑑み、七月七日に指揮系統を変更した。南方軍集団を、AとBの二つの軍集団に分割したのである。A軍集団はコーカサス、B軍集団は、ドン川とヴォルガ川のあいだの地域を制圧することとされた。このうち、A軍集団が攻撃を再開、アゾフ海の要衝ロストフ・ナ・ドヌーを奪取する。

一見、華々しい成果ではあったが、初期段階でソ連軍主力を殲滅するという作戦目的からすれば、まったく不充分であった。その指標の一例として、ドイツ軍が取った捕虜の数を挙げよう。それは、「青号」作戦発動後の三週間で、わずか五万四〇〇〇名にすぎなかった。前年の大包囲撃滅戦の戦果からすれば、取るに足りない数字であるといっても過言ではない。

殲滅の目的が達せられなかった原因の一つに、ソ連軍の戦術転換があった。一九四一年の苦い経験、また、すでに触れた一九四二年初夏の攻勢の戦訓から、ソ連軍は必ずしも現在地を死守するという方策を取らなくなっていたのである。むろん、重要な拠点とあらば、頑強に抗戦するが、無意味な固守はしない。したがって、これまでのように、前線にしがみついているあいだに、突破迂回したドイツ軍が側背部に入りこみ、包囲されるといったありさまはみられなくなっていた。

加えて、陸軍総司令官となったヒトラーが、東プロイセンの総統大本営「狼の巣《ヴォルフスシャンツェ》」から、南部ロシアの前線に介入したことも、ドイツ軍の勝利を阻害した理由として挙げられよう。近視眼的に戦術上の利害に固執したヒトラーは、あるいは装甲部隊をそこかしこに無駄に転進させ、あるいは過剰な兵力集中を命じて、包囲作戦の遂行を妨げていた。

結局、一九四二年の南部ロシアからコーカサスへの攻勢の重要な前提である、ドン川流域の敵主力を殲滅して、側背の安全を確保するという「青号」作戦の課題は、広大な地域を占領したにもかかわらず、達成されていなかったのである。

危険な両面攻勢

しかし、表面的な勝利に眩惑され、敵を殲滅したものと確信したヒトラーは、二兎を追う腹を固めた。七月二三日、総統指令第四五号が発せられる。その冒頭では、「三週間余の戦役で、私が東部戦線南翼に授けた広範な諸目標が、おおむね達成された」との宣言がなされていた。ついで、必然的にドイツ軍の戦力を東と南に分散するような指示が下される。A軍集団は、コーカサスに突進、グロズヌィとバクーの油田を占領するものとされた。このコーカサス作戦には、山岳地帯への進撃にふさわしく、山の花にちなんだ「エーデルヴァイス」の秘匿名称が付された。一方、B軍集団には、スターリングラードの占領ならびにドン川とヴォルガ川のあいだの陸上交通線と両河川の水上輸送の遮断が命じられた（秘匿名称「アオサギ《フィッシュライアー》」作戦）。

まずドン川流域のソ連軍主力を殲滅、ついでコーカサスに突進と、二段階を踏んで進められるはずだった作戦が、スターリングラードとコーカサスの双方を狙う二正面同時攻勢に変更されたのだ。ヒトラーは、実際にはソ連軍主力の殲滅が達成されていないにもかかわらず、続く作戦は敵なき無人の野を行くも同然になると信じた。ゆえに、制圧するだけで充分だったはずのスターリングラードも、占領すべき目標に格上げされた。この「スターリンの町」という名を持つ都市が陥落すれば、政治的な効果は大であり、しかも、それは実現可能なことだと判断されたのである。かくて、第二次世界大戦でも屈指の激戦であるスターリングラード攻防戦へ

炎上するマイコープ油田．1942年8月．
gettyimages

の道が開かれた。

　ドイツ軍の新作戦は、「青号」作戦初期にソ連軍がおちいった混乱を利用し、最初はめざましい進撃をみせた。七月二六日、「エーデルヴァイス」作戦を発動したA軍集団は、最初の一週間で二四〇キロを踏破した。しかし、八月に入ると、A軍集団の前進は滞る。敗走していたソ連軍が態勢を立て直したことに加えて、補給の困難が深刻になりはじめたのであった。ドイツ本国からドン川までの距離は約二五〇〇キロ、また、ドン川流域よりA軍集団の最前線まで、およそ九〇〇キロ。ドイツ軍の鉄道輸送・空輸能力は、この距離をカバーするには貧弱すぎた。それでも、八月九日から一〇日にかけて、A軍集団はマイコープの油田を占領することに成功したが、ソ連軍が退却する前に、採掘施設を徹底的に破壊していったことが判明する。この油田が再稼働可能になったのは、戦後の一九四七年だった。

九月初頭までに、「エーデルヴァイス」がしおれてしまったことはあきらかになっていた。だが、ヒトラーは、おのが作戦構想に欠陥があったことを認めようとはせず、またしても、高級軍人たちをスケープゴートにした。一九四二年九月九日、A軍集団司令官ヴィルヘルム・リスト元帥が更迭される。後を襲ったのは、ヒトラーその人であった。彼は、陸軍総司令官とA軍集団司令官を兼任し、東プロイセンの総統大本営から一四〇〇キロ離れた最前線の指揮を執ることができると考えたのである。ついで、九月二四日には、ハルダーが陸軍参謀総長の職を解かれた。後任は、ナチスに近い存在と思われていたクルト・ツァイツラー少将だった。ヒトラーは、いよいよ陸軍首脳部に対する統制をつよめ、マイクロマネジメントともいうべき作戦指導に走っていく。

スターリングラード突入

一方、スターリングラードをめざす「アオサギ」作戦も、同様に停滞を迎えていた。ヒトラーが「エーデルヴァイス」作戦を優先するとしたために、B軍集団は七月中には、わずかな補給しか得られず、足踏みを余儀なくされたのだ。攻勢は、八月二三日になって、ようやく再開された。B軍集団の主力、フリードリヒ・パウルス装甲兵大将の指揮する第六軍が、スターリングラードに向かう。B軍集団は、南北からスターリングラードを包囲、奪取するつもりだった。この日の午後、ドイツ軍の先鋒は、スターリングラード市の北縁部を抜け、ヴォルガ河畔に到達している。

ところが、ソ連軍はもはや退こうとはしなかった。とうとうスターリンも、ドイツ軍の主攻勢は南部ロシアとコーカサス、なかんずくスターリングラードに向けられていると認識したのである。独裁者は、この人口六〇万の大都市を何としても守り抜くとの覚悟を固めた。すでに七月二八日の時点で、スターリンは「一歩も退くな」の文言で有名な、ソ連邦国防人民委員令第二二七号を公布していた。

これ以上の後退は、諸君の破滅を意味し、しかも、それは祖国の破滅につながる。〔中略〕一歩も退くな! これが、我らの主たるスローガンでなければならぬ。ほんの一メートルほどであろうともソ連領土であれば、ただの一区画であろうともソ連の地ならば、おのおのの持ち場を、血の最後の一滴が流されるまで、可能な限り長期間にわたり、断固として守り抜くことが要求されるのだ。

この指令は、具体的な措置に裏打ちされていた。士気阻喪《しきそそう》した者や服従しない者を集めて、危険な任務に投入する「懲罰隊」制度が導入され、主力部隊の背後には「阻止部隊」が配置される。阻止部隊の任務は督戦《とくせん》であり、必要とあらば実力(射殺も含む)を以て、前線部隊の退却を停止させた。

こうしたソ連軍将兵の執拗な抗戦により、ドイツ軍は苦戦することになった。当初、装甲部隊による急襲でスターリングラード全市を制圧するはずだったのが、兵力が不充分であったため、ソ連軍に防御態勢を固める余裕を与えてしまったのだ。スターリングラードは、ヴォルガ川で両翼を掩護されているがゆえに、迂回して後背部を遮断することができない。したがって、奇襲で奪取できなかった以上は、正面から歩兵で攻め落とすしかなかった。けれども、ヴァシリー・I・チュイコフ中将が指揮するソ連第六二軍は、いずれもひどく消耗していたとはいえ、二個戦車軍団、七個狙撃師団(うち一個はＮＫＶＤ師団)、二個戦車旅団、七個狙撃旅団をかき集めている。ドイツ軍も市街戦を覚悟しなければならなくなった。

ネズミの戦争

スターリングラード攻略にあたるドイツ第六軍と第四装甲軍は、両者を合わせて、装甲師団三個、自動車化歩兵師団三個、歩兵師団一八個、ルーマニア軍歩兵師団一個と、合計二五個師団を有していた。大軍ではある。しかし、第一次世界大戦を思わせるような陣地攻略戦には、これでも充分ではない。スターリングラード攻撃を直接担当する第六軍司令官パウルスは、本来機動戦を展開すべき装甲師団や自動車化歩兵師団までも、市街戦に投入せざるを得なくなった。

だが、ドイツ側は、第一次世界大戦時よりもはるかに進歩した三次元の要素、空軍の支援を活用した。早くも八月二三日に、ドイツ空軍はスターリングラードに対する最初の大規模な空襲を実行し、大量の焼夷弾を投下している。この日だけで、第四航空軍は一六〇〇回出撃し、一〇〇〇トンの爆弾を消費した。以後も、ドイツ軍の航空支援は猛威を振るったものの、意外なデメリットも生まれていた。空襲により、がれきの山となったスターリングラードの市街地は、守備隊にとって、格好の隠蔽された防御陣地となったのだ。また、チュイコフは、防衛戦の初期から、彼我の前線が錯綜する乱戦に持ち込み、ドイツ空軍が味方を誤爆することを恐れて、対地支援に踏み切れない状態とするように命じていた。

かくて、「ネズミの戦争《ラッテンクリーク》」と形容された、凄絶な市街戦がはじまる。九月から一〇月にかけて、「フェリックス・ジェルジンスキー」トラクター工場、「赤色バリケード」兵器工場、「赤い十月」製鉄所といった施設がソ連軍の拠点となり、それらをめぐって、激しい戦闘が展開された。家屋の一つ一つ、地下室や下水道をめぐり、しばしば白兵戦が行われたのだ。ドイツ軍は、おびただしい犠牲を甘受しながら、じわじわとソ連軍を押していった。九月三日の時点で、ヴォルガ河畔まであと三キロの地点まで迫る。この月の終わりまでに、第六軍は、スターリングラード市街地の八〇%までも占領していた。

一〇月六日、ヒトラーは、スターリングラードの完全占領を命じた。作戦的には、不必要な指示であった。というのは、スターリングラードはすでに廃墟と化し、その軍需工場は無力化されている。同市周囲の水上輸送も機能を停止し、ソ連側がヴォルガ川の水運により、石油をはじめとする南方の資源をモスクワ地域に運ぶことも不可能になっていたからだ。

にもかかわらず、ヒトラーは、スターリングラード奪取を厳命した。ソ連軍主力は殲滅され、作戦は残存部隊の掃討段階に入ったものと確信する独裁者にとって、いまや同市の占領は、軍事的にはさほど負担にならぬまま、政治的な成果を獲得し得る好目標なのであった。

スターリングラード市街戦

ヒトラーが、スターリングラードの意味をどう考えていたかを示す挿話がある。八月末、総統は、スターリングラードの住民は徹底した共産主義者、危険な存在であるから、陥落後、その市民のうち、男性をすべて除去し、女性と子供は強制移送すべしと命じていた。つまり、彼にとって、スターリングラードは、憎むべきボリシェヴィキの象徴となっていたのだ。加えて、この命を受けたOKHは、収奪戦争の色彩を添えている。男性もすぐに殺害するのではなく、強制移送して労働力として活用すると定めたのである。

しかし、戦況は、ヒトラーとドイツ軍首脳部が期待したようには進まなかった。スターリンと赤軍大本営は不退転の決意で、チュイコフの第六二軍を支援し、予備軍をスターリングラードに送り込んだ。昼間はドイツ軍砲兵に制圧されているので、増援部隊がヴォルガ川を渡河することはできない。が、夜間なら、ボートや川船を使って、スターリングラードに入ることが可能だ。この方法で、チュイコフは、九月一四日から一〇月二六日までに、九個狙撃師団、一個海軍歩兵旅団(海軍の兵員で編成した陸戦隊)、二個戦車旅団を受け取った。

ドイツ軍の打撃力は尽きかけており、しかも、ロシアの冬が忍び寄っていた。一一月二日、ヒトラーは、市街戦で卓越した戦力を発揮する戦闘工兵部隊を、最後の攻撃のためにスターリングラードに送り込むことを承認した。ところが、このような精鋭部隊を投入しても、チュイコフの防衛陣は破れず、一部では逆襲を受けるありさまだった。

結局、ドイツ軍は危険な状態におちいっていた。スターリングラードという狭い正面に、B軍集団所属のドイツ軍を集中した結果、その両翼、北と南の戦線は同盟国軍にゆだねざるを得なくなっていたのだ。この時点で、B軍集団の麾下には、イタリア、ルーマニア、ハンガリーが東部戦線に派遣した諸軍が置かれており、「国際連盟軍集団」と揶揄《やゆ》されるほどであったが、それらの装備や練度に劣る同盟国軍が、スターリングラードの第六軍の両側面を守っていた。

こうした同盟国軍の薄く長い戦線は、東部戦線という鎖の脆弱な環となっていた。ここを突破すれば、ドイツ第六軍の両翼を抜き、包囲することができる。チュイコフの第六二軍がドイツ軍を拘束しているあいだに、モスクワ地域およびオリョール東方にあった戦略予備を、ひそかにB軍集団の正面に動かしていたソ連軍にとって、それはうってつけの目標だった。

一一月一九日午前八時一五分、二六万の兵員、戦車一〇〇〇両以上、火砲一万七〇〇〇門を擁するソ連軍三個正面軍が反攻を開始した。目標はドイツ第六軍の包囲殲滅である。

第二節　機能しはじめた「作戦術」

「作戦術」とは何か

第六軍の右翼と左翼を守っていたルーマニア軍は、強力なソ連戦車部隊の攻撃の前に、たちまち撃破された。突破したソ連軍は、攻勢発動より四日目の一一月二二日に、スターリングラードのドイツ軍の背後、カラチ・ナ・ドヌーにおいて手をつなぐ。包囲の環は閉じられ、ドイ

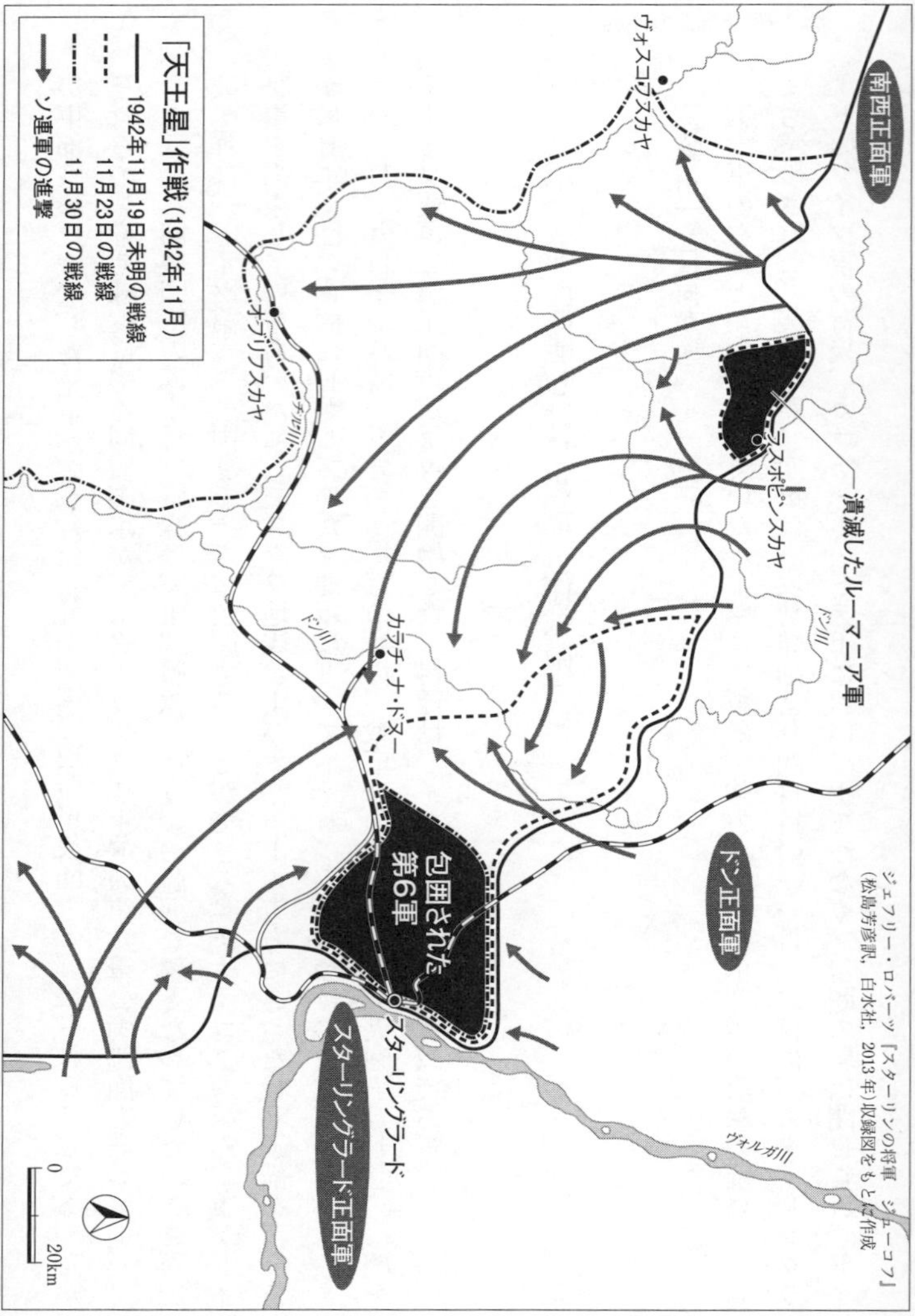

ジェフリー・ロバーツ『スターリンの将軍 ジューコフ』（松島芳彦訳，白水社，2013年）収録図をもとに作成

ツ第六軍は孤立したのである。ソ連軍の反攻作戦「天王星《ウラーン》」は、ひとまず第一段階の目的を達した。

この「天王星」作戦はしばしば、スターリングラードの決戦に勝利を得るための攻勢と理解されてきた。もちろん、そうした解釈自体は間違いではない。だが、今日では、天王星作戦は、ソ連「作戦術《アピラーチヴノエ・イスクーストヴァ》」にもとづく戦略的反攻の一環だったことがあきらかにされている。

作戦術とは、一九世紀以来の模索を経て、ソ連の軍人・軍事思想家たちにより、一九三〇年代に完成された用兵思想である。その端緒は、フランス革命以後の戦争の時間的・空間的・数的な拡大にあった。周知のごとく、一般徴兵制による国民軍の成立は、軍隊の規模を飛躍せしめた。一八世紀には、フランスやロシアといった大国といえども、数万単位の軍しか動員できなかったものが、一桁上、数十万のそれに膨れ上がったのである。たとえば、ナポレオンが一八一二年にロシアへ侵攻するにあたって、フランスとその同盟国から集めた軍勢は、およそ四〇万におよんだ。

空間的にも、兵站等の制約から機動の可能性が限られていた一八世紀なかごろまでの戦争と異なり、ヨーロッパを縦横に駆けめぐるがごとき軍の行動がみられるようになった。一八〇六年から一八〇七年のナポレオンによるプロイセン征服などは、その典型例であろう。時間的にも、かつては、半日か、せいぜい一日で定まっていた会戦の結着が、数日以上かかることが普通になっていった。たとえば、一八一三年のナポレオンと対仏大同盟軍の戦い、ライプツィヒ会戦は、開始からフランス軍の退却まで、四日も続いている。

こうした変化をみたヨーロッパ諸国の軍人や軍事思想家は、戦争に勝つための策を定める戦略と、戦闘を有利に進めるわざである戦術のあいだに、もう一つ、「作戦」という次元があると考えはじめた。そこで採られるべき方策を究明することが、今後の戦争遂行に重要な意味を持つと認識したのである。ロシアは二〇世紀初頭に、こうした理論的試みにおいて、著しい進歩をみせた。日露戦争で、日本軍よりもずっと優勢な大軍を擁しながらも敗北した経験が、ロシアの軍人たちに深刻な思索をうながしたのだ。

そのような努力は、第一次世界大戦や革命後の内戦の苦い戦訓から、よりいっそうの動因を得て、ソ連においても継続された。それは、スヴェーチンやトゥハチェフスキーといった、優れた人材を得たことと相俟って、一九三〇年代の「作戦術」の完成に結実する。

「赤いナポレオン」の用兵思想

アレクサンドル・A・スヴェーチンは、日露戦争や第一次世界大戦に従軍した経験を持つ陸軍将校であり、ロシア革命後には、赤軍全ロシア参謀総長を務めたこともある。彼は、陸軍大学校の教授だった時代、一九二〇年代に「作戦術」の概念を提唱した。スヴェーチンによれば、それは戦略と戦術の両次元をつなぐものであり、戦術上の成果を積み重ねて、作戦次元の成功に結びつけ、さらに特定戦域での戦略的勝利に持っていくために重要な手段だとしている。

ついで、ソ連参謀本部作戦局長兼作戦次長代理に任ぜられていたヴラジーミル・K・トリアンダフィーロフが、連続縦深打撃理論を構築する。第一次世界大戦以後、軍隊の火力は向上し、防御の有効性はいよいよ高まった。これを突破し、何十キロもの奥行き(縦深)を持つ陣地を覆滅するためには、強力な砲兵の支援を受けた打撃軍が必要である。この打撃軍は、敵陣すべてではなく、もっとも脆弱で、かつ致命的な地点を選んで突破し、敵を寸断する。そうして、通信連絡を遮断、分断されて機能しなくなった敵を各個撃破して、一つの作戦で二五ないし三〇キロの縦深を制圧するというのが、トリアンダフィーロフの主張であった。トリアンダフィーロフは、このような縦深作戦を複数、連続的に実行、敵の予備兵力投入や新陣地構築を阻止して、戦略的勝利をみちびくことが重要だとした。

トリアンダフィーロフは、一九三一年に飛行機事故で急死したが、彼の連続縦深打撃理論は、「赤いナポレオン」と称されたミハイル・N・トゥハチェフスキー元帥に受け継がれた。トゥハチェフスキーは、ロシア内戦やポーランド侵攻で活躍、陸軍大学校校長、赤軍参謀総長などの要職を歴任した人物であり、ソ連屈指の用兵思想家と目されていた。

トゥハチェフスキーは、現代の戦争は規模と激烈さにおいて第一次世界大戦を上まわる消耗戦になると解釈し、それに勝利するためには、無停止の連続攻勢を行い、戦略的な広域レベルで突破を実現させることが必要不可欠であると考えた。空軍、戦車、機械化部隊、空挺部隊といった新しい時代の軍備は、かかる連続縦深打撃を可能にしていると、トゥハチェフスキーは説いた。その発想にもとづき、ソ連は、自動車化歩兵、戦車や装甲車、自走砲、戦術空軍部隊を組み合わせ、世界初の機械化旅団を編成したのである。

こうしてトゥハチェフスキーが完成させた「縦深戦」の構想は、つぎのようなものだった。空軍と砲兵、前線部隊の攻撃により、敵の最前線から中間陣地、さらに後方陣地までも、一気に制圧する。砲兵や前線部隊の手が届かぬ後方は、迅速に突破した戦車・機械化部隊、空挺部隊が押さえ、敵の再編成や予備兵力召致の阻止にあたる。このようにして、最初の打撃が成功したのちも、間断なく攻勢を続け、ついには敵国を屈服させるに至るのだ。

1935年キエフ演習．降下訓練中のソ連軍空挺部隊

一九三五年および一九三六年のソ連軍大演習は、トゥハチェフスキーの用兵思想を実地に展開したものとなった。また、彼の理論が、具体的に概念化・言語化された一九三六年の「赤軍野戦教令」は、ソ連軍事思想の先進性を世界に知らしめるものとなったのである。

かくて、一九三〇年代のソ連において、作戦術、また、それを作戦次元で実行する際の基盤となる連続縦深打撃理論は成熟をみた。その詳細については、右の通りであるが、ここで作戦術の定義（ソ連の兵語辞典による）を参照しておこう。

「地上部隊の正面軍作戦・軍作戦ならびに各軍種〔陸海空三軍〕の準備と実行の、理論と実際を研究する兵術の構成部分。作戦術は戦略と戦術を結ぶ環である。戦略の諸要求に立脚し、作戦術は戦略目的達成のため、必要な作戦準備と実行の方法を定め、かつ作戦目的と作戦任務に合致するように諸兵科連合部隊を準備し、実施するため、必要な戦術の基礎諸元を与える」。

軍事用語に通じない読者には、なんとも難解な定義であるかと思われるが、補足を加えて、ごく簡単に解説してみよう。まず、戦争目的を定め、そのために国家のリソースを戦力化するのが「戦略」である。作戦術は、右の目的を達成すべく、戦線各方面に「作戦」、あるいは「戦役《キャンペーン》」（正確な軍事用語としては、一定の時間的・空間的領域で行われる、戦略ないし作戦目的を達成しようとする軍事行動を意味する）を、相互に連関するように配していく。個々の作戦を実行するに際して、生起する戦闘に勝つための方策が「戦術」である。なお、日本では、作戦自体を遂行するわざが作戦術であると誤解されることが多い。しかし、作戦術はむしろ戦略次元の下部、もしくは戦略次元と作戦次元の重なるところに位置するものであることを強調しておきたい。

ちなみに、ロシア・ソ連以外でも、作戦次元の存在と、そのレベルでいかなる対策を取るべきかについて、研究と検討がなされていたことはいうまでもない。今日、そうした動向や成果は、欧米では一般に operational art と呼ばれている。訳してしまえば、これも「作戦術」となり、誤解を招きやすい。が、本書では、戦争において作戦が占める位置を、初めて言語化・概念化し、実戦で使いこなしてみせたソ連のそれを「作戦術《アピラーチヴノエ・イスクーストヴァ》」とみなし、以下、この意味で用いる。このソ連作戦術は、ヴェトナム戦争の敗北に衝撃を受け、あらたな軍事理論を模索していたアメリカ軍の注目するところとなり、一九七〇年代後半から八〇年代にかけて、西側でも飛躍的に研究が進んだ。その結果、今日のアメリカ軍のドクトリンにも、大きな影響を与えているのである。

ドイツ東部軍の潰滅を狙う攻勢

しかし、ソ連作戦術は、その主唱者たちが大粛清でパージされたこともあって、いったん後景に退くことになった。また、同じく大粛清によって、作戦次元・戦術次元の指揮にあたる将校が大量に排除されたことにより、ソ連軍が緒戦で、質量ともに優越した装備を生かし切れず、敗北を喫したことはすでに述べた。

だが、一九四一年以来の大敗と苦難は、追放されていたり、脇役に徹していた将校の復帰をもたらした。参謀次長のアレクサンドル・M・ヴァシレフスキー上級大将は、それらのなかから、優れた参謀将校を選りすぐり、一九四二年夏から秋にかけ、たっぷりと時間をかけて、冬季攻勢の作戦を練らせた。フョードル・E・ボコフ少将を長とする、この小集団が、ソ連作戦術に依拠して、反攻計画を立案したのだ。従来、ジューコフとヴァシレフスキーが起案したとされていた「天王星」作戦も、今日では、彼らがつくりあげたものであることがわかっている。

では、ボコフらは、一九四三年に向けた冬季攻勢をいかに構想していたのだろうか。

実は、スターリングラード地域のドイツ軍殲滅を企図する「天王星」作戦のほかに、さらに二つの大作戦が予定されていた。一つは、長駆、ロストフ・ナ・ドヌーに突進、同市を占領して、ドイツ軍のAとB両軍集団の後方連絡線を遮断し、それらを潰滅させるという「土星《サトゥールン》」作戦で、これが成功すれば、東部戦線南翼を構成するドイツ軍は消滅してしまうことになる。

もう一つは、ドイツ中央軍集団の戦線突出部に指向される「火星《マールス》」で、これは戦後ながく、敵に予備兵力の投入を余儀なくさせ、可能な限り多くの損害をおよぼすことを目的とする牽制作戦とされてきた。だが、ソ連邦崩壊以後の機密文書公開により、「火星」には、さらに中央軍集団の崩壊を引き起こすことを狙う第二段階があったことがあきらかにされている。

J・ロバーツ『スターリンの将軍　ジューコフ』収録図をもとに作成

「木星《ユピーテル》」、もしくは「海王星《ニェプトゥーン》」と名付けられた作戦が、一二月初頭に発動され、「火星」で包囲したドイツ第九軍を殲滅したのち、あらたに挟撃作戦を展開して、中央軍集団を潰滅に追い込むとしていたのだ。ところが、ドイツ軍の激しい抵抗に遭い、企図を達するどころか、大損害を出してしまった。その失態を隠すため、ソ連当局や同国の歴史家たちは、「火星」は局地的攻勢にすぎなかったと主張し、事実を隠蔽してきたのだという。

ともあれ、このように、一九四二年末から一九四三年春までのソ連軍冬季攻勢は、いくつもの作戦(戦役)を有機的に組み合わせていた。作戦術の観点から説明すれば、ドイツB軍集団の中核である第六軍の撃滅を目的とする「天王星」、南部ロシアのドイツ軍すべての潰滅を企図する「土星」、中央軍集団の主力第九軍の包囲を狙う「火星」、続いて中央軍集団の撃滅をめざす「木星」(「海王星」)が、戦略の観点から配されている。

これは、単なる作戦の段階分けではなく、ドイツ軍諸部隊の撃滅、予備兵力の拘束、戦略的な要点の確保などのさまざまな機能が、相互に作用するかたちとなっていた。「バルバロッサ」や「青号」が示したように、作戦・戦術次元ではソ連軍に優越していたドイツ軍であったが、こうした、戦略に沿ったかたちで作戦を配置するということは、ついにできなかった。ドイツ軍指導部には、作戦次元の勝利を積み重ねていくことで、戦争の勝利につなげるとの発想しかなかったのだ。したがって、ソ連軍は、人的・物的資源といったリソース面のみならず、用兵思想という戦争のソフトウェアにおいても、優位に立っていたのである。

なお、この時期以降のジューコフの経歴をみると、「赤軍参謀総長代理」の補任が目立つ。これは、互いに連関する諸戦役を実行する各正面軍の調整にあたるもので、そうした点からも、ソ連作戦術が機能しはじめたことを読み取れるだろう。

解囲ならず

もはや、スターリングラードの第六軍に危機が迫っていることは、ヒトラーの眼にもあきらかであった。一一月二〇日、ベルヒテスガーデンの山荘で凶報を受けたヒトラーは、レニングラード攻略の準備をしていた第一一軍司令官エーリヒ・フォン・マンシュタイン元帥を、スターリングラード救出の指揮を執らせるために、南へ向かわせた。

同日、ヒトラーは、空軍参謀総長ハンス・イェショネク上級大将を呼び寄せる。英本土航空戦の失敗以来、面目を失っていた空軍総司令官ゲーリングは、ヒトラーとの会見を避けるようになっており、この日も不在だった。代理となったイェショネクは、第六軍が包囲されても、空輸補給でその戦力を維持できるかとのヒトラーの問いかけに、致命的な答えを返す。輸送機で必要な物資を運び、第六軍を支えることができると断じたのだ。そのため、マンシュタインが救援作戦を成功させるまでのあいだ、空から第六軍に補給することができると考えたヒトラーは、一一月二一日、パウルス第六軍司令官に現在地の死守を命じた。だが、第六軍の最低必要物資が一日あたり五〇〇トンと定められたのに、同軍が降伏するまで、この目標数値が達成されることはなかった。

おそらく、第六軍が包囲された直後、一一月二四日までに突囲していれば、大幅な退却になったとはいえ、同軍が潰滅することはなかっただろうという点では、多くの戦史家が一致している。しかし、ヒトラーは固守命令を出し、第六軍の陣地を「スターリングラード要塞」と称した。これは、あくまで外から救援されなければならなかったのである。

一一月二二日、マンシュタインは、スターリングラード内外の戦域を統轄するため、新編されたドン軍集団の司令官に任命された。第四装甲軍、第六軍、ルーマニア第三軍が、この軍集団の麾下に入った。一一月二八日、マンシュタインは、最初の救援計画を完成させた。装甲部隊が、スターリングラードまでのおよそ一三〇キロを踏破し、第六軍を解放するというものだ。「冬の雷雨《ヴィンターゲヴィッター》」の秘匿名称を付された反攻作戦は、一二月一二日払暁に開始され、当初は順調な進捗をみせた。だが、続々と増援されるソ連軍の前に、攻撃のテンポは鈍る。赤軍大本営代表として、スターリングラード方面に派遣されていたヴァシレフスキーは、南部ロシアのドイツ軍撃滅を企図する攻勢作戦「土星」よりも、スターリングラードの解囲を阻止するほうが優先されるべきだと決断していた。ゆえに、「土星」作戦用の兵力の一部が割かれ、「冬の雷雨」拒止にまわされていたのである。そのため、ロストフ・ナ・ドヌーをめざす雄大な作戦だった「土星」は、ドン川流域にあったドイツ軍のホリト軍支隊とイタリア第八軍を包囲撃滅することを企図した「小土星《マールィ・サトゥールン》」に縮小された。この作戦は一二月一六日に発動され、イタリア第八軍の戦線を突破、ドイツ軍にさらなる圧力をかけている。

こうしたソ連軍の対応にもかかわらず、一二月一九日、ドイツ軍の前に、一筋の光明が差した。「冬の雷雨」の先鋒となっていた第六装甲師団が、スターリングラードにいる味方部隊より五〇キロの地点に到達したのだ。このとき、包囲された第六軍の一部からは、救援軍が放つ砲火の射撃光が目撃されたという。

ただ一度だけ、訪れた好機ではあった。が、マンシュタインが放った救援部隊は、もはや戦力の限界に達している。ここでソ連軍の包囲を解くためには、包囲環の外からのみならず、内部からの圧力が必要だった。マンシュタインは、早くも一二月一八日に、第六軍に突囲を命じる権限を与えてくれるよう、総統大本営に請願した。

しかし、ヒトラーは、第六軍の突破を許可しなかった。結局、第六軍はスターリングラードから動こうとせず、「冬の雷雨」に投入された救援部隊も、ソ連軍の反撃を受けて、一二月末までに攻勢発起線に押し戻されたのである。

第六軍降伏

かくて、一九四三年初頭の東部戦線の状況は、ドイツ軍にとっては、悪夢にひとしいありさまとなった。

第六軍は包囲され、救援される見込みもないまま、消耗しつつある。ドイツ軍の補助役を務めていたルーマニア軍、イタリア軍、ハンガリー軍の諸部隊は、ソ連軍の攻撃を受けて、雲散霧消してしまった。南部ロシアのドイツ軍戦線は無数の地点で寸断されたのだ。

もっとも、中央軍集団の戦区では、一九四二年一一月から一九四三年一月の戦いで、ドイツ軍は激しく抵抗し、ソ連軍の「火星」作戦を挫折させ、より大きな戦果を狙う「木星」、もしくは「海王星」作戦を未発に終わらせている。また、「冬の雷雨」作戦の圧力により、「土星」が「小土星」に格下げになったことは、すでに述べた。このように、必ずしも完璧に達成されたわけではなかったにもかかわらず、作戦術にもとづくソ連軍の連続攻勢は、ドイツ軍、とくに南部ロシアとコーカサスの諸部隊を、崩壊一歩手前まで追いつめていたのである。

しかし、ヒトラーは、前年冬のモスクワ前面の危機を救ったのは、自らの死守命令だったと信じ込んでおり、今度の冬にも同じ処方箋を書くつもりだった。一例を挙げれば、コーカサスに突出していたA軍集団は、きわめて危険な状態にあった。もし、ソ連軍が予定通りに「土星」を発動し、ロストフ・ナ・ドヌーを奪回していたなら、A軍集団は退路を断たれ、ドン川流域とコーカサスのあいだで殲滅されていただろう。つまり、同軍集団を撤収させることは喫緊の要であったのだが、ヒトラーがそれを認めたのは、一九四二年一二月二九日であり、それも一部の撤退を許しただけだった。その結果、A軍集団麾下にあった第一装甲軍がドン川を越え、ドニェツ中流域に再集結を開始するのは、一九四三年一月末にずれこんだ。

スターリングラードのドイツ第六軍もまた、ヒトラーの死守命令に従ったがために、崩壊に突き進んでいた。戦闘による損害、補給不足、極寒によって、第六軍の戦力は減殺される一方だったが、司令官のパウルスは、一九四三年一月九日のソ連軍による降伏勧告を拒否したのだ。以後、ソ連軍は、第六軍撃滅を企図した「輪《コリチョー》」作戦を推し進めた。一九四三年一月二四日、パウルスは、スターリングラード「要塞」は保持不可能で、生き残り部隊を少人数のグループに分けて、突破脱出させる許可を求めた。が、総統大本営から返ってきたのは、その決定はヒトラーに留保されるとの回答だった。同日、ソ連軍は、第六軍を南北に分断した。

一月三〇日、パウルスは元帥進級の辞令を受けた。プロイセン・ドイツ軍の歴史において、元帥が降伏したことはない。元帥となったパウルスも最後まで戦うだろうと、ヒトラーは信じたのである。けれども、スターリングラードで必要とされていたのは、栄誉ではなく、パンと銃弾だった。

一月三一日、パウルスとスターリングラード市南部のドイツ軍は、ソ連軍に投降した。二月

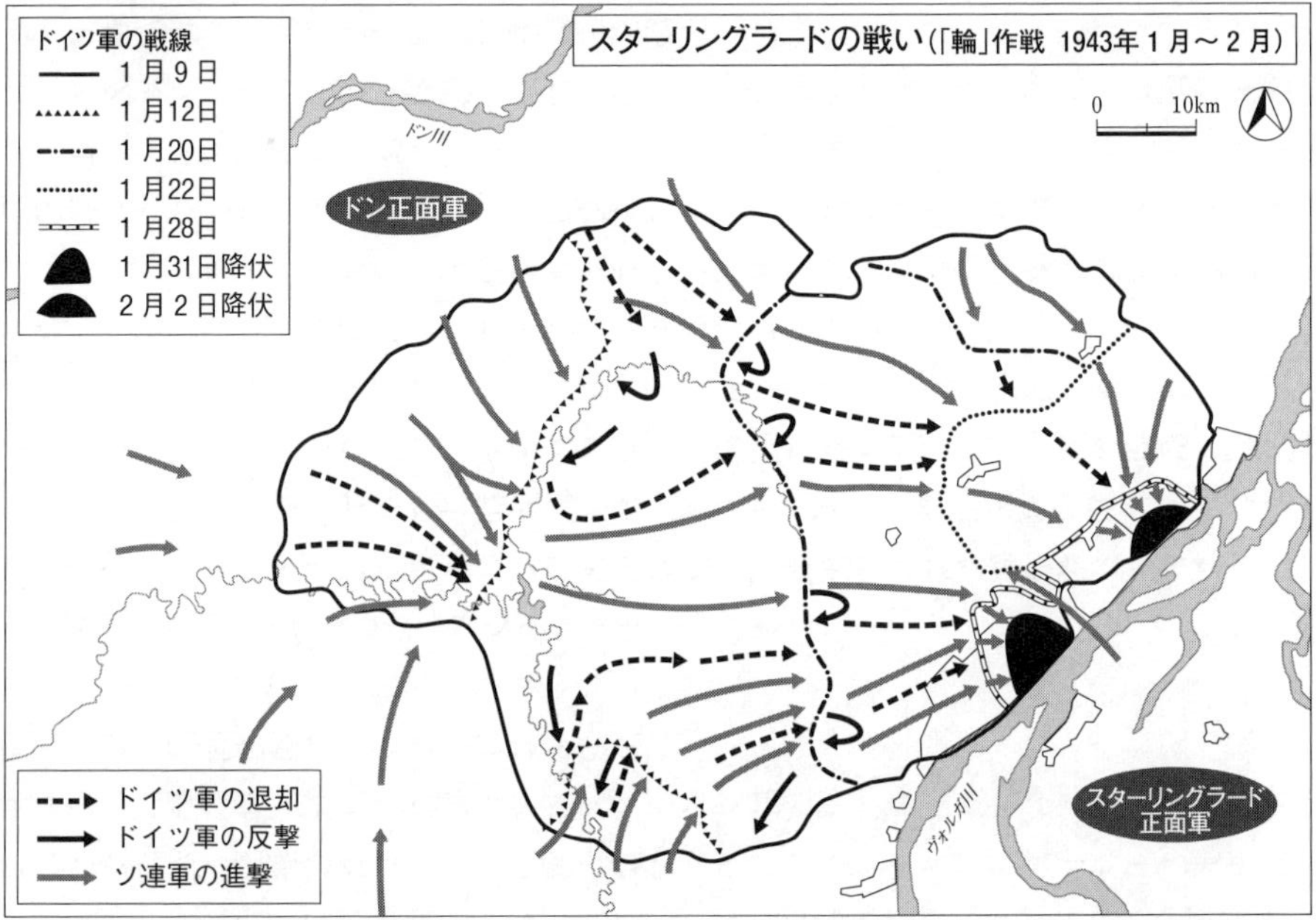

ジョン・キーガン『第二次世界大戦歴史地図―タイムズ・アトラス』(滝田毅監訳, 原書房, 1994年)収録図をもとに作成

二日には、市北部の部隊も降伏する。パウルス降伏の報を受けたヒトラーは、彼はなぜ自決しなかったのかと激怒したという。捕虜となったのち、パウルスは、ヒトラーとナチス批判に傾斜した。ついには、投降した将兵を以て「ドイツ解放軍」を結成するとの案を出したが、ソ連側が、この計画を顧慮することはなかった。

戦略的攻勢能力をなくしたドイツ軍

スターリングラードで包囲された枢軸軍の数は、現在でもなお確定されていない。惨戦の混乱に加えて、ルーマニア軍や「補助義勇兵《ヒヴィス》」、志願してドイツ国防軍に勤務していた反スターリン分子や、収容所から連れもどされ母国との戦闘に駆り出されたソ連兵捕虜らの数が判然としないからである。そのため、一九万五〇〇〇名、二三万二〇〇〇名、二三万六六〇〇名、二四万三七〇〇名、三八万名と、さまざまな推計がなされている。

しかし、スターリングラードの敗北によって、ドイツ軍が戦略的攻勢を行う能力、つまり、攻勢によって敵国を屈服させる打撃力を失ったことだけは間違いない。右の数字のうち、最低の一九万五〇〇〇名だったとしても、そのほとんどが戦死、行方不明、捕虜になったのだ。なお、スターリングラードで捕虜となったドイツ軍将兵九万のうち、戦後、故国に生きて帰ることができた者は、およそ六〇〇〇名にすぎなかった。

ドイツ軍は、スターリングラード以降もなお、いくつかの攻勢を実施してはいる。だが、それらは、いずれも作戦次元にとどまるものだった。言い換えれば、ドイツはソ連を打倒する能力を永遠に失ったのである。

戦死した第6軍の兵士たち．gettyimages

作戦・戦術的には、ドイツ軍は、おのれの質的優位を放棄するがごとき戦法を取ったといえる。自主独立の行動を取ることができる下級指揮官の能力を生かした機動戦によって敵を翻弄するのではなく、未熟な兵といえども比較的抗戦が容易になる市街戦を行ったのだ。彼我の距離が近接し、ときには二階屋の上に敵、下に味方がいるような市街地の戦闘、白兵戦も日常茶飯事であるような状況にあっては、ドイツ軍の戦術や火力運用の妙も発揮できない。ヒトラーの命のもと、ドイツ軍は、そうした戦場、スターリングラードの廃墟に突入していった。かかる愚行は、ついにヒトラーに支配され、軍事的合理性を度外視せざるを得なくなったドイツ国防軍の黄昏《たそがれ》を示していたのであった。

第三節　「城塞」の挫折とソ連軍連続攻勢の開始

「疾走」と「星」

ここで、第六軍がいまだ抗戦を続けていた一九四三年一月なかばまで、時系列をさかのぼる。ソ連軍の「小土星」作戦は、B軍集団麾下のハンガリー第二軍とイタリア第八軍を潰滅させ、戦線に大穴を開けていた。コーカサスでは、A軍集団がロストフ・ナ・ドヌー方向に圧迫されている。

このような状況をみて、赤軍大本営は、ドイツ軍南翼を崩壊させ、ウクライナを奪回する好機が到来したと判断した。一月二〇日から二三日にかけて、「疾走《スカーチカ》」と「星《ズヴェズダ》」の二つの作戦が承認される。「疾走」は、南西正面軍によって実施され、ドニエプル川の渡河点を奪取することを目的としていた。また、南正面軍が、この主攻の支援にあたり、ロストフ・ナ・ドヌーを解放することとされた。加えて、ヴォロニェシ正面軍が「星」を担当し、ウクライナの重要都市ハリコフをめざす攻勢を行う。

しかも、これらの作戦は、戦力に裏打ちされていた。戦史家グランツの推計によれば、「疾走」作戦正面におけるソ連軍の優勢は、歩兵で二対一、戦車で四対一におよんでいたという。

だが、この攻勢を受け止めることになったドン軍集団司令官マンシュタインは、退勢から一転して攻勢に移り、ソ連軍に打撃を加えることができると確信していた。コーカサス、ドン川下流域から、場合によっては、ドニエプル川西岸まで撤退する。これによって、戦線は短縮され、部隊を抽出して予備とすることが可能になる。しかも、退くドイツ軍を追う敵は、側面をさらけだし、延びきった態勢になるであろう。そこに予備兵力を投入し、ソ連軍攻撃部隊を包囲殲滅する。

しかし、一大反攻に取りかかる前に、目前の「疾走」と「星」を止めなければならなかった。前者は一月二九日、後者は二月二日に発動され、疲弊しきった部隊により、かろうじて維持されていたドイツ軍戦線を直撃していた。一月三一日から二月二日にかけて、スターリングラードの諸部隊が続々と降伏したことも痛い。第六軍が抗戦を続けていたおかげで、ソ連軍はスターリングラードという重要な交通の結節点を利用することができず、また包囲を維持する必要から、多数の部隊を拘束されていたのである。

ドイツ軍の東部戦線南翼は、潰滅寸前の状態になった。ヴォロニェシ正面軍は急進し、二月八日にはクルスクを奪回している。同正面軍は、さらにハリコフ解放にかかり、二月一六日に同市を占領した。南西正面軍も、ドニェツ川北部流域を突破、アゾフ海沿岸に急進し、ドン軍集団とA軍集団の退路を断とうとしていた。

二月一二日、ドイツ軍は指揮系統を再編した。ドン軍集団はあらためて「南方軍集団」と改称された。B軍集団は解隊され、その指揮下にあった第二軍は、中央軍集団に配転となった。戦線の大幅な移動にもとづく措置である。

「後手からの一撃」

赤い攻勢を押しとどめることは不可能であるかとさえ思われたが、実は、ソ連軍はきわめて危険な態勢におちいっていた。このとき、ソ連南西正面軍は、ドイツ第一装甲軍とランツ軍支隊のあいだに突出し、延びきった態勢になっていたのだ。彼らの側面と後背部を装甲部隊で衝き、これを殲滅する反攻作戦が準備される。対するソ連軍は、マンシュタインの企図に気づいていない。ソ連軍首脳部は、ドイツ軍は抵抗力を失い、大河ドニエプルという自然の障害に頼るべく、総退却しているものと信じて疑わなかった。その先入主ゆえに、ドイツ軍が集結を開始していることを察知しながら、それは反攻ではなく、退却に向けての措置だと判断していたのである。

一九四三年二月二〇日、南方軍集団は反攻を開始した。先陣を切ったのは第四装甲軍だった。たちまちソ連第六軍と第一親衛軍が撃破され、ザポロジェに迫っていた第二五戦車軍団も孤立

「疾走」「星」作戦とマンシュタイン「後手からの一撃」（1943年 1 月～ 3 月）

ヴァルター・ネーリング『ドイツ装甲部隊史』（大木毅訳，作品社，2018 年）収録図をもとに作成

した。燃料を使い果たした同軍団の将兵は、装備を遺棄し、徒歩で退却する。ドイツ軍は崩壊に瀕していると思い込んでいたソ連軍にとって、マンシュタインの反攻は心理的奇襲になったのだ。また、スターリングラード反攻以来、ほとんど休養や再編成を行うことなく、戦いつづけてきたソ連軍部隊が疲弊し、消耗しきっていたことも無視できない。さらに、西進するにつれて、補給線の維持が困難になっているとあっては、なおさらだった。

予想外の事態に直面したソ連軍は、ドニェツ川の背後に退却、防御態勢を整えるよう、南西正面軍に命じる。まず「疾走」が挫折したのであった。続いて、「星」もまた粉砕される。南西正面軍の脅威を排除したドイツ軍は、返す刀でヴォロニェシ正面軍を攻撃、これを撃破した。三月一四日、ハリコフは再びドイツ軍の手に落ちた。以後、数日のうちに、ドイツ軍は「青号」作戦開始時に保持していた地域を、ほぼ回復した。マンシュタインのいう「後手からの一撃《シュラーゲン・アウス・デア・ナッハハント》」が成功したのであった。まもなく泥濘期が訪れ、両軍ともに大規模な作戦の続行は不可能となった。戦線はクルスクの突出部を残したかたちとなり、のちにドイツ軍の攻勢を誘発することになる。

しかしながら、情勢誤認や兵站維持能力の未熟により、期待された大戦果を上げることはできなかったとはいえ、作戦術にもとづいたソ連軍の攻勢が、ドイツ軍を潰滅寸前に追い込んでいたことは看過できない。一九四三年夏以降、このような連続打撃は、より洗練されたかたちで実行されることになる。

暴かれた実像

春の泥濘期の訪れは、東部戦線に小康状態をもたらした。南方軍集団の追撃も、泥の海と化した大地を前にして、停止を余儀なくされる。独ソ両軍は、望むと望まざるとにかかわらず、一九四三年初夏の作戦に向けて、戦力醸成と新計画の立案に専念することになった。この間に、ドイツ軍が「城塞《ツィタデレ》」作戦、クルスク周辺に形成された戦線突出部への攻勢を企図し、それが一大会戦につながったことは、よく知られている。

このクルスクの戦いについては、戦後ながらく、つぎのような経緯をたどったと語りつがれてきた。ヒトラーは、戦線突出部を挟撃し、そこに陣を構えたソ連軍を撃滅することで、戦略的主導権を握ろうとした。ところが、彼が新型戦車の投入に固執したため、作戦は延期を重ね、ようやく発動されたときには、ソ連軍は強力な縦深陣地を築いていた。その陣地に拠ったソ連軍は、ドイツ軍に大損害を与え、攻撃を拒止した。同じころ、地中海のシチリア島に上陸した米英連合軍への対処を強いられたこともあって、「城塞」続行は不可能となる。以後、クルスクの決戦に敗れたドイツ軍は、敗北の坂を転がり落ちていく……。

しかし、ソ連邦崩壊以後に公開された機密文書の精査にもとづく研究の進展により、今では、こうした理解は、ほぼ否定されている。そのようなクルスク戦像は、戦後、ソ連側では、共産主義体制がファシストによる全力攻勢を正面から受け止め、撃破したとする国民の「神話」を形成するため、ドイツ側では、死せるヒトラーに敗北の責任を押しつけ、ドイツ参謀本部の無謬性を主張するためにつくられ、流布されたのである。以下、このような虚像を排した新しい定説にしたがって、クルスク戦の経緯を述べていこう。

これまで、「城塞」は、一九四三年春に生じていた戦線突出部のソ連軍を撃滅し、一大攻勢につなげることを夢見たヒトラーが命じた作戦だとされてきた。だが、残された文書を精査すると、そうした主張は事実に反するという結論がみちびかれる。実際には、スターリングラード以来被ってきた大損害ゆえに、ヒトラー、OKW、OKHは、ドイツが戦略的守勢に立たされたという認識で一致していた。たとえば、一九四三年二月、南方軍集団司令部を訪問した際に、ヒトラーは「本年は大規模な作戦は実行不可能で」「複数の小さな鉤《ハーケン》を打ち込むことができるだけだ」と明言している。

ドイツ軍は、一九四一年には、全戦線にわたり、ソ連邦崩壊を狙った攻勢を実行することができた。一九四二年にも、地域的に限定されたとはいえ、ソ連軍主力を撃滅し、彼らにとって必要不可欠な資源地帯の奪取を企図する作戦を実施している。これらは、いずれも、敵国を屈服させるという大目標を持った戦略的攻勢であった。ところが、戦力が減衰した一九四三年のドイツ軍には、もはや戦略的攻勢は不可能で、できるとすれば、より次元の低い目的で行う作戦的攻勢のみだったのである。

戦況を論ずるマンシュタイン(左)とヒトラー

築かれていく「城塞」

では、その作戦的攻勢は、誰が、いつ発案したのか。すでに述べたように、それを言い出したのは、実はヒトラーではなかった。「後手からの一撃」によりソ連軍攻勢を撃退し、戦果拡張に逸《はや》っていたマンシュタインだったのだ。彼は、戦線安定に甘んじるのではなく、北の中央軍集団右翼と協同し、より大きな打撃を敵に与えようと考えた。クルスク周辺のソ連軍戦線突出部は、その目的を果たすのに絶好の標的であった。

三月一八日、マンシュタインはツァイツラー陸軍参謀総長との電話会談で、中央・南方の両軍集団によるクルスク挟撃作戦を初めて提案している。「わが左翼および中央軍集団右翼正面にあるロシア軍は、何ら有効な行動を取れる状態にない。今なら、中央軍集団がクルスクを占領するのも容易であると、小官は確信する」。

だが、OKHは、その五日前の三月一三日に、ヒトラーの意向に沿って、作戦命令第五号「今後数か月の戦闘遂行に関する訓令」を発していた。これは、ソ連軍が攻撃を再開する前に、可能な限り多数の戦区で攻撃をしかける方針を採るとするものであった。この時期のヒトラーは、作戦・戦術次元の攻撃を繰り返すことにより継戦の条件を整えるべきだと判断していたのだ。ゆえに、三月の時点では、クルスク突出部に対する大規模な攻勢は、選択肢に入っていなかったものと思われる。

けれども、クルスク攻勢案は、ツァイツラー陸軍参謀総長をはじめとする将軍たちのあいだに、多くの賛同者を獲得していた。彼らがクルスク攻勢論を合唱するのを聞いたヒトラーも意見を変え、OKHに作戦命令第六号を作成させた。この四月一五日に下達された命令により、クルスク突出部を挟撃する大規模な攻勢が決まったのである。こうした経緯をみればわかるように、「城塞」は、のちに喧伝されたような戦略的攻勢を企図したものでも、スターリングラードや北アフリカの敗戦(一九四二年から一九四三年初頭にかけて、枢軸軍はリビアから駆逐され、チュニジアに圧迫されていた)に動揺する同盟国や中立国の離反を防ぐことを狙った政略的作戦でもなかったのだ。

むしろ注目すべきは、作戦命令第六号の付属文書二に、「「城塞」攻勢の目的は、敵部隊と軍需物資の撃破、戦線短縮と並んで、戦争遂行上重要な労働動員のために捕虜と民間人労働者を獲得、鹵獲《ろかく》品を利用することにある」と記されていることであろう。対ソ戦の収奪戦争としての性格は、純軍事的な作戦をも規定するに至っていたのである。

以後、攻勢懐疑論の台頭などがあったものの、「城塞」は七月の実行に向けて走り出す。

必勝の戦略態勢

一方、ソ連側もまた、泥濘期が過ぎ去ったのちには大戦闘が生起するにちがいないと予想していた。ドイツ国内に張り巡らせたスパイ網の報告を待たなくとも、クルスクを中心に張り出した戦線がドイツ軍の眼に好餌《こうじ》と映るであろうことは自明の理であった。早くも四月八日には、赤軍大本営代表のジューコフ元帥が、クルスク突出部の南北にドイツ軍装甲部隊が集中されつつあることから、敵は同市めがけて攻撃してくると判断し、相応の注意を払うことを促す情勢報告書を提出している。スターリンは、先手を打って攻撃をしかけることを望んでいたが、四月一二日、攻勢よりも防御を優先すべきだとする将軍たちの意見具申を受けて、彼らに同意した。ソ連参謀本部作戦総局の記録を引用しよう。

「クルスク地域にわが主力を集中、この方面の防御作戦により敵を出血させたのちに攻勢転移し、敵の完全撃滅を達成するとの方針が、最終的に決定された。不測の事態に備え、当該戦域全体に確固たる縦深防御陣を構築すること、なかんずくクルスク地区のそれを強化することが必要であるとみなされた」。

この決定にもとづき、「巨大な」と形容するほかない準備がなされる。クルスク突出部を覆う戦略的防御陣を布いたのだ。さらに重要なのは、突出部のみならず、その東にも縦深防御帯が築かれたことであろう。つまり、万が一、突出部が切除され、ドイツ軍が東方に突進してきたとしても、これを拒止するだけの入念な準備がなされていたのである。

戦術的にも、ソ連軍の準備は万全だった。クルスク突出部の内側では、要塞化された村落、トーチカ、火点、塹壕、鉄条網と地雷原が有機的に結びつけられ、堅固な野戦築城がほどこされたのだ。しかも、これらの陣地帯は、事前に細心の注意を払って観測を済ませておいた砲兵の射撃によって制圧されるようになっていた。

むろん、ソ連軍の準備は、陣地を固めるだけにとどまっていない。スターリンは、クルスク防衛に任じる中央およびヴォロニェシ両正面軍の後背部に、新しい戦略予備、ステップ正面軍を新設するよう命じた。この正面軍は、五個軍、一個戦車軍、一個戦車軍団、二個機械化軍団、三個騎兵軍団を麾下に置く強大な団隊となった。

しかしながら、かかるソ連軍の重厚な準備と膨大な兵力に眩惑されれば、かえって彼らの戦

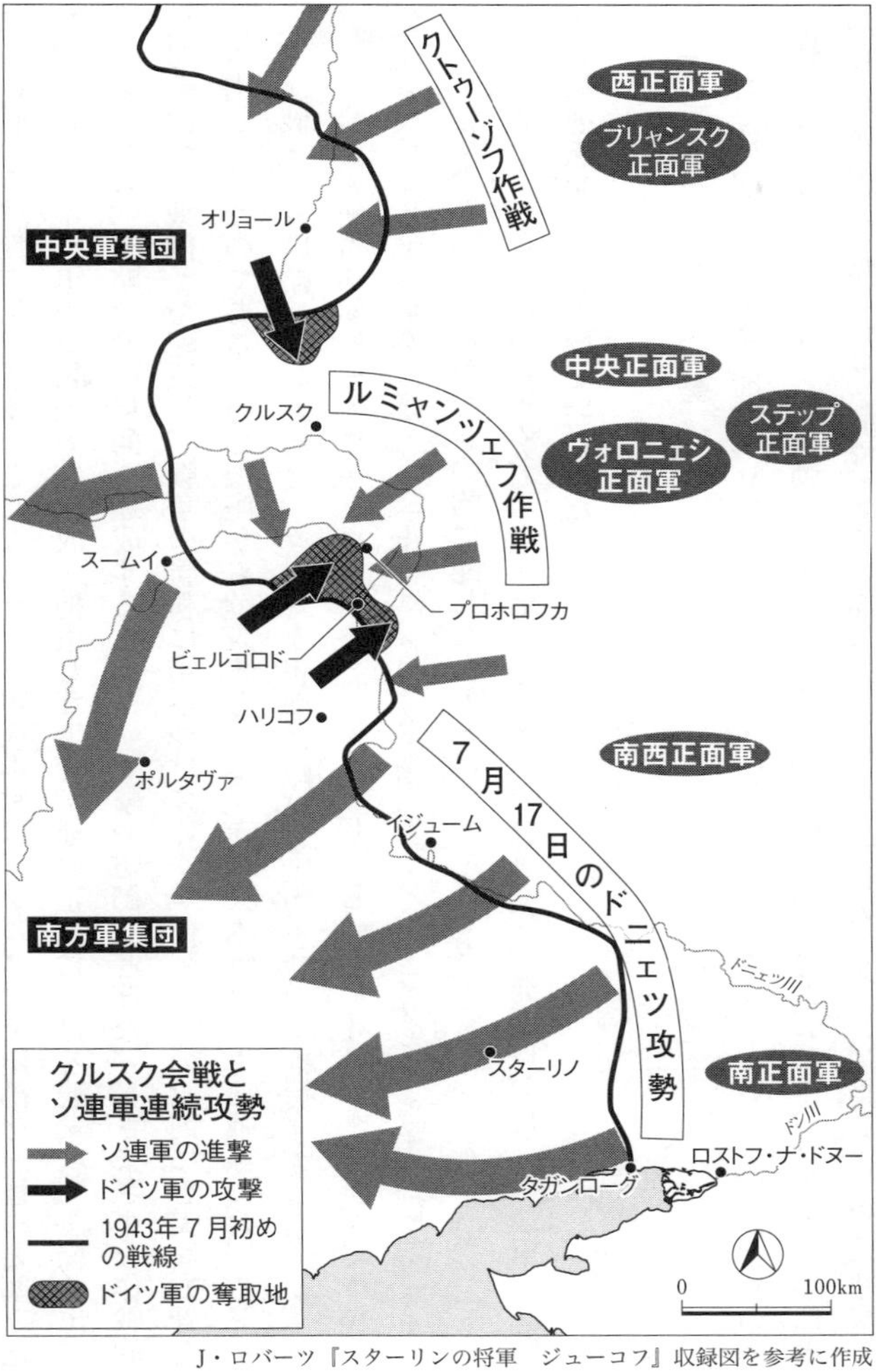

J・ロバーツ『スターリンの将軍　ジューコフ』収録図を参考に作成

略・作戦の卓越性を見過ごすことになろう。赤軍大本営は、クルスク突出部を一種の要塞と化し、そこにドイツ軍の攻撃戦力を吸収・拘束した上で、他の正面における連続攻勢を繰り出す──すなわち、戦略次元の目的を達成するために、攻撃や防御、遅滞など、さまざまな作戦的課題を持つ「戦役」を配置し、戦争の勝利に結びつけていく「作戦術」の原則に忠実な方針を打ち出していたのである。その視座から解説するなら、赤軍大本営は、東部戦線におけるドイツ軍撃破という戦略目標のために、クルスク正面に敵打撃戦力を誘引・拘束する(事実、ドイツ軍は投入可能な装甲部隊のほとんどすべてを投入した)戦役、しかるのちにオリョール正面で中央軍集団を攻撃する戦役(「クトゥーゾフ」作戦)、クルスク南部からハリコフをめざす戦役(「ルミャンツェフ」作戦)といった措置を意図的に配したものといえる(「クトゥーゾフ」と「ルミャンツェフ」は、いずれもロシア帝国の将軍の名)。敢えていうなら、「城塞」作戦発動以前に、ソ連軍は必勝の戦略態勢をつくりあげていたのだ。

失敗を運命づけられた攻勢

攻勢参加部隊の休養や補充、V号戦車「豹《パンター》」やVI号戦車「虎《ティーガー》」といった新型兵器の配備待ち、ソ連軍パルチザンの活動を制圧する必要、輸送能力の不足といった、さまざまな理由から、「城塞」作戦発動は、何度となく延期された。少なからぬドイツの将軍たちが、「城塞」

を早期に発動していたら成功したはずだと、戦後に回想している。だが、彼らの繰り言通りに、作戦を実行することなど不可能だった。

結論から先にいえば、クルスク会戦にはじまる諸戦役の特徴は、作戦術を応用した連続攻勢により、作戦次元から戦略次元の勝利を導こうとしたソ連軍が、単一作戦のレベルでしか思考できなかったドイツ軍をうわまわったことであった。ドイツ軍が、持てる装甲部隊のほぼすべてをクルスク突出部に集めた時点で、「城塞」は発動以前に失敗を運命づけられていた。逆説的な表現を使うならば、クルスク会戦におけるソ連軍の勝利は、クルスク以外の場所で勝ち取られていたのである。

一九四三年七月五日、多くのマイナス要因を内包しつつも、「城塞」作戦は開始された。ソ連軍戦線の突出部を北から切りにかかる中央軍集団の攻撃部隊である第九軍は、慎重な部隊区分を行っていた。歩兵師団群を攻撃第一波にあて、装甲師団は一個しか投入しなかったのだ。まず、歩兵によって突破口を開き、第二波の装甲部隊により敵後方に突進、戦果を拡張するという企図であった。だが、第九軍麾下部隊のなかでも、格別の打撃力を有する二個装甲師団および一個装甲擲弾《てきだん》兵(自動車化歩兵のこと。士気高揚のために、一九四二年七月に改称された)師団は、ずっと後方に置かれていた。

なぜか。その理由を推測すると、ここでもソ連作戦術の影が差していることがわかる。両軍

「城塞」作戦で投入されたドイツの新型戦車
「ティーガー」

の配置図をみれば一目瞭然であるように、中央軍集団は、いつ攻勢をかけてくるかもしれぬ北のブリャンスク正面軍に背中を向けたまま、南のクルスクを狙う攻撃を実行している。となれば、中央軍集団の主力である第九軍も、ブリャンスク正面軍への対応ならびに「城塞」攻勢への増援という二つの目的に使える位置に、機動予備を配しておかなければならない。言い換えるならば、ソ連軍は、攻勢「戦役」によって防御「戦役」を間接的に支えていたのだ。

いずれにせよ、こうした足かせをはめられた状態であったから、第九軍の攻撃は、はかばかしくなかった。加えて、第九軍の前にたちはだかったソ連軍は、とくに増強されており、その兵力密度は、戦線一キロにつき兵員四五〇〇人、戦車四五両が配置された計算になるほどだった。こうしてドイツ軍の前進が緩慢になったのをみたソ連軍は、第二戦車軍を反撃に投入した。ところが、第二戦車軍のT-34部隊は、ドイツ軍の新型戦車ティーガーに遭遇、またたく間に撃破されてしまう。ソ連軍はやむなく、戦車部隊を後方に撤退させ、車体を地中に埋めて防御力増大をはかれとの命令を下した。

ソ連軍の反撃をしりぞけた第九軍は、七月六日から七日にかけて、じりじりとクルスク北部戦線を圧迫していった。一進一退の攻防が続く。第九軍は、疲弊しきった部隊を再編成するため、攻撃を中断、一二日に再開することとした。

まさにその一二日、ソ連ブリャンスク正面軍が西正面軍左翼と協同、オリョールめざして攻勢を開始した（「クトゥーゾフ」作戦）。同方面を守っていたドイツ第二装甲軍は、弱体な兵力しか有しておらず、たちまち圧迫される。重要な補給拠点であるオリョールが危ないとなれば、クルスク攻撃を続けるわけにはいかない。同日、中央軍集団は、装甲師団および歩兵師団を抽出、第二装甲軍救援に向かわせるよう命じる。防御「戦役」で敵戦力を拘束したのちの攻撃「戦役」実行が功を奏したのであった。

「城塞」潰ゆ

一方、南方軍集団も七月五日に、クルスク突出部の南で「城塞」を開始していた。新型Ｖ号パンター戦車を装備した部隊が地雷原に踏み込んでしまったり、第六装甲師団がドニェツ強行渡河に失敗するといったつまずきはあったものの、南方軍集団の攻撃は比較的順調に進んでいた。攻撃第一波から強力な装甲部隊を投入したマンシュタインの戦法が威力を発揮したのである。

ドイツ第四装甲軍は、二日間の激戦ののち、ソ連軍陣地帯の第一線および第二線を突破した。この危機に対処すべく、赤軍大本営は、戦略予備部隊の投入を決定する。また、突出部北面戦線同様、戦車の車体を地中に埋めて即席トーチカとする措置も取られた。しかし、ヴォロニェシ正面軍は、より積極的な反撃作戦に出た。ドイツ側に存在すら知られぬまま控置されていたステップ正面軍を投入、突出してきた第四装甲軍を三方から攻撃し、これを撃滅しようとしたのだ。

七月一二日、ヴォロニェシ正面軍の反撃は実行され――みじめな失敗に終わった。攻撃の主力である第五親衛戦車軍が、プロホロフカの戦車戦において、事実上撃滅されてしまったからだ。冷戦時代には、プロホロフカ戦は、ソ連軍戦車部隊がドイツ軍装甲部隊に真っ向から挑み、敵を撃破したものと称されてきた。だが、それはプロパガンダにすぎなかった。最近の研究によれば、ソ連軍が失った戦車二三五両に対し、破壊されたドイツ軍戦車はわずか三両、まさにワンサイド・ゲームだったのである。かかる戦術的成功をみた南方軍集団司令官マンシュタインは、いよいよクルスク突出部を切除し、ソ連軍の大部隊を殲滅できると確信した。

しかし、元帥の夢想が現実とならなかったことはいうまでもない。七月一〇日に米英連合軍がシチリアに上陸したとの報を受けたヒトラーは、同月一三日、中央軍集団司令官ギュンター・フォン・クルーゲ元帥とマンシュタインを総統大本営に召致し、「城塞」作戦中止を命じた。当然のことながら、ソ連軍撃滅が目前に迫っていると信じるマンシュタインは激しく抗議したが、ヒトラーは聞き入れない。

やむなくマンシュタインは、代替案として、第四装甲軍を北と西に旋回させ、突出部尖端にあるソ連軍を撃滅する「ローラント」作戦実行の許可を求めた。ヒトラーもこれを了承したものの、ここでも作戦術が阻止作用をおよぼした。「クトゥーゾフ」作戦に続き、ソ連軍はドニエツ方面で連続打撃のための支攻を発動したのだ(七月一七日)。これを封じる必要を考えれば、たとえ限定的なものであろうと、攻勢継続など問題外だった。

七月一六日、ヒトラーは、武装親衛隊の装甲軍団を抽出し、予備兵力としてビェルゴロドに集結させるよう命じた。「ローラント」はペーパー・プランに終わり、「城塞」も崩れさったのである。

第五章　理性なき絶対戦争

第一節　軍事的合理性の消失

「死守、死守、死守によって」

「城塞」作戦中止を強いたソ連軍は、圧迫の手をゆるめず、南部ロシアから全戦線へと攻勢を拡大し、連続打撃を加えた。これを拒止するため、ドイツ軍装甲部隊は、機動反撃や戦線に開いた穴をふさぐ任務(「火消し」と称された)に奔走する。だが、広大な東部戦線を支えるには、彼らの数は少なすぎた。

一九四三年八月三日、クルスク南部地区に集結していたヴォロニェシ正面軍とステップ正面軍は、ドイツ第四装甲軍に対し、一一四万四〇〇〇名の兵員、二八〇〇両の戦車、火砲一万二八六六門を投入し、総攻撃を開始した。ソ連軍は、たちまちドイツ軍の前線陣地を蹂躙《じゅうりん》し、その先鋒部隊は一日で約二五キロも進撃した。以後、ソ連軍は、ドイツ軍の反撃により、ときに大きな損害を被りながらも前進を継続、八月二三日には、ハリコフ市内に突入していた。また、ドニェツ川流域でも、ソ連軍南および南西正面軍が全面攻勢を発動し、ドイツ第六軍(スターリングラードで潰滅した軍ではなく、新編された団隊)の戦線を突破する。

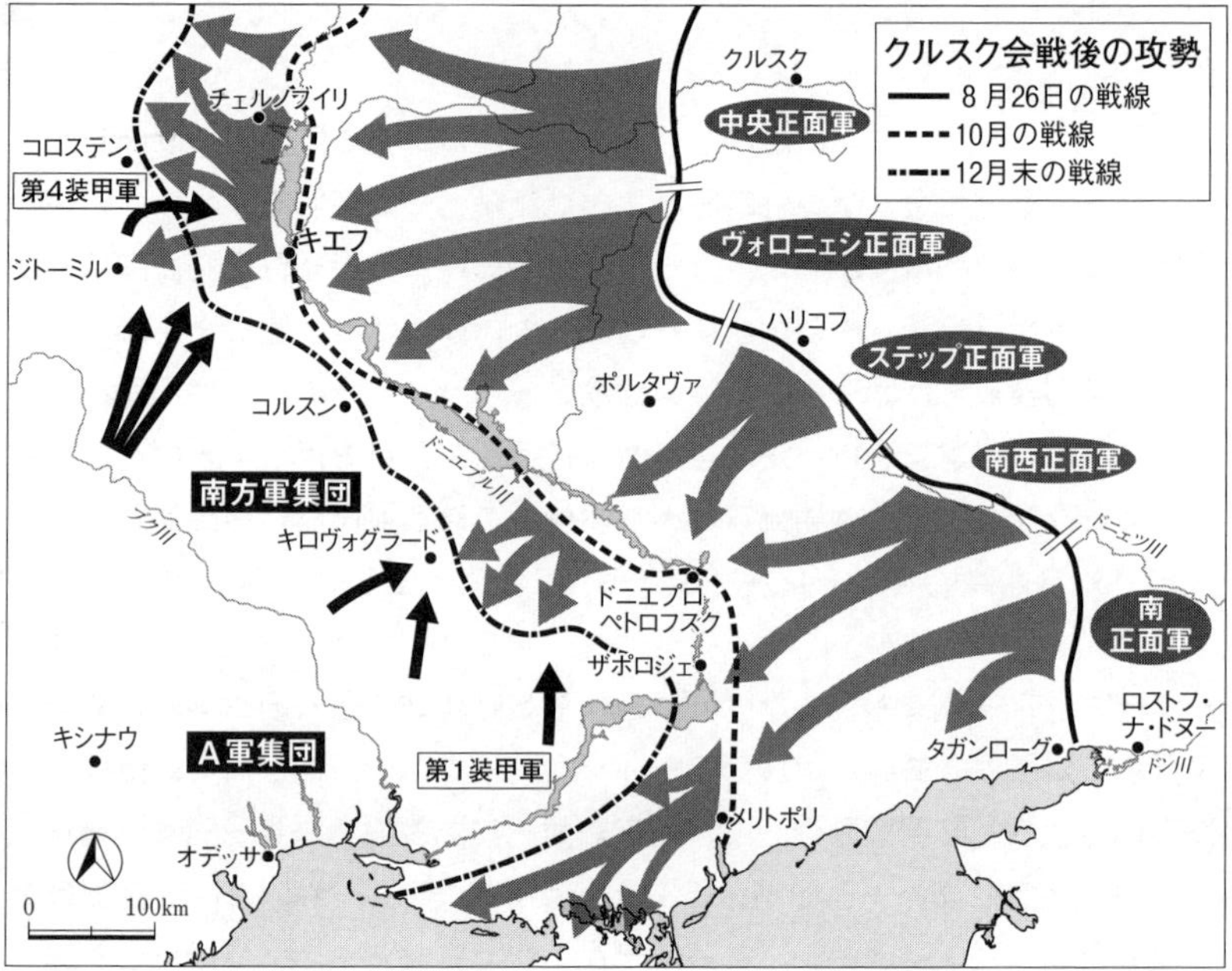
クルスク会戦後の攻勢
8 月26日の戦線
10月の戦線
12月末の戦線
クルスク
中央正面軍
ヴォロニェシ正面軍
ハリコフ
ステップ正面軍
南西正面軍
南
正面軍
ドニェツ川
ロストフ・
ナ・ドヌー
ドン川
タガンローグ
メリトポリ
ザポロジェ
ドニエプロ
ペトロフスク
ポルタヴァ
ドニエプル川
キエフ
チェルノブイリ
コロステン
第4装甲軍
ジトーミル
コルスン
南方軍集団
ブク川
キロヴォグラード
第1装甲軍
キシナウ
A軍集団
オデッサ
0
100km

こうした洪水のごときソ連軍攻勢に対し、ヒトラーは、一歩も譲らず、現在位置を死守せよと厳命するのみだった。「城塞」作戦が失敗する以前からの基本方針である。すでに一九四三年五月に、ツァイツラー陸軍参謀総長は、戦線後方に堅固な防御陣地、いわゆる「東方防壁」を構築するよう進言していた。ところが、ヒトラーは激高し、陸軍参謀総長の提案を拒否した。では、迫る危機にどう対応するつもりなのかと切り返したツァイツラーに、ヒトラーは、こう答えたという。

「第一に、それ〔危機〕はまだ深刻ではない。第二に、死守、死守、死守によってだ！ もし、わが部隊がそんな陣地のことを聞いたら、さぞ、そこに退却したがることだろう。その防御意志はむしばまれてしまう。彼らには、前線に立ち、守り抜くこと以外は許してはならん」。

現実に敗勢に直面してからも、ヒトラーの姿勢は変わらなかった。東部戦線、あるいはOKHの将軍たちが退却を懇願しても、ほとんど認めようとしなかったのである。通常の戦争では、軍事的合理性に従い、敵に空間を差し出すことによって、態勢立て直しや反攻準備のための時間をあがなう。しかし、世界観戦争、また、それを維持するための収奪戦争の必要から、ヒトラーには、後退という選択肢を採ることはできなかったのだ。

焦土作戦

一九四三年九月なかば、ドイツ南方軍集団は、からくもソ連軍の突破口をふさぎ、どこもかしこも手薄であるとはいえ、ぎりぎりで戦線を維持している状態にあった。天然の要害ドニエプル川の後方に退き、態勢を立て直すための最後のチャンスである。

九月一四日、南方軍集団司令官マンシュタインは、麾下の諸軍が臨界点に達しつつあると見て取り、OKHに総退却を打診する。もちろん、ヒトラーは、マンシュタインの意見具申を認めようとしなかった。しかし、南方軍集団のみならず、全東部戦線が崩壊しかねないとのマンシュタインの判断を聞かされては、退却を許さざるを得なかった。

かくて、巨大な撤退作戦が開始された。南方軍集団のみならず、中央軍集団も大幅に後退するし、A軍集団麾下第一七軍もクリミア半島防衛を命じられ、同地に退く。圧倒的な戦力と機動力を以て迫ってくる敵の追撃をかいくぐり、困難な地形も克服しなければならない。ドニエプル川は、ヨーロッパ・ロシア第二の大河であり、川幅も三キロ以上はある。南方軍集団は、わずか五か所の渡河点を通って、この川の西岸に移動し、かつチェルノブイリからザポロジェまでの七〇〇キロにわたる戦線に再展開しなければならなかった。

結果的には、このドニエプルへの撤退は、ほぼ完璧に遂行され、軍事的には成功を収めたということになる。しかし、その陰で、ドイツ軍は、ヒトラーの命のままに、悪名高き「焦土作戦」を実行していた。ソ連軍の進撃を妨害するために、ドニエプル川前面二〇ないし三〇キロの地点で、渡河作業を可能とするようなものは、何であれ、破壊されるか、徴発された。敵の掩護物になるような施設や宿営所も、その対象とされる。加えて、ソ連軍の補給を容易にするであろう食料、戦時生産に資する資源や工作機械なども破棄されるか、ドニエプル川西岸に運び去られた。

奪われたのは、物資だけではない。ドイツ軍は、ソ連軍が五体満足な男子なら一人残らず徴兵し、残る住民も軍需生産に動員するはずだと判断した。それゆえ、ドイツ軍の退却とともに、当該地域の住民も強制移送の対象としたのである。その数は数十万におよぶとされる。加えて、家畜数万頭も収奪されていた。

かかる措置の弁明として、ドイツ側は、ソ連軍こそが最初に焦土作戦に手を染めたのだと主張した。事実、戦争前半期にドイツ軍に押されて退却していたころには、ソ連軍も、後送できない物資や敵が使用し得る施設を破壊している。スターリンの言葉を借りれば、「敵どもや彼らに加担する者が耐えられなくなるような条件」がつくりだされたのだ。しかし、それは、一八一二年の対ナポレオン戦争にならって、侵略者の進撃を遅滞させるためであり、あくまで自国の資産を破棄しただけのことであった。

戦後、マンシュタインは戦犯裁判にかけられたが、焦土作戦を実行したことが、その訴因の一つに挙げられていた。同裁判での検事側の弁論から引用する。

「最初はドニェツ川、さらにはドニェツ河床を通ってドニエプル川まで、そして、それを渡ってのフォン・マンシュタイン軍のコーカサスおよびドン川からの撤退は、ときに戦略の名人芸として記されます。結果として、彼は、一九四四年春にはその麾下にあった諸軍をうちひしぐことになる破局を、一年間もしのぎきりました。それは、以下のごとき処置によって、でありました。すなわち、人間にとって有用なものや住まいを容赦なく破壊し、あらゆる家や建物を打ち壊し、住むところのなくなった民間人を食物や衣類なしで曠野《あらの》に追いやり、数百マイル以上も移動させ、歩かせ、ドイツ軍のために一日一〇時間働かせたのです。かかる行動のうちに、強制移送を逃れようとして射殺された者を除いても、数千もの無辜《むこ》の民が餓え、野ざらしになって死んでいったことは間違いありません」。

検察側の主張であることを割り引いても、ドニエプル撤退作戦の陰惨な面を如実に物語る言葉であろう。この局面では、軍事的合理性にもとづく作戦指導と収奪戦争の要因が戦争犯罪に収斂《しゅうれん》したのであった。

こうした収奪戦争の徹底は、前線だけではなかった。スターリングラードの敗北以後、ヒトラー以下のナチス・ドイツ指導部は、軍需生産の拡大を迫られたが、体制の動揺を恐れるがゆえに、なお自国民に多大なる労働を強いようとはしなかった。その代わりに、ソ連軍捕虜、強制連行されたソ連やポーランドの労働者、ユダヤ人、強制収容所の被収容者などを投入し、軍需物資の増産を強行したのである。結果として、一九四二年には四〇〇万人だった外国人労働者が、一九四四年末には八四〇〇万を超えたという。

彼らの多くは、苛酷な条件のもとで重労働に従事し、あるいは病、あるいは衰弱により、斃《たお》れていく。生きるに価しないと判断された者たちを非人間的な労働に強制動員し、生産拡大を達成するとともに、その過程で死なせていくという、ナチス・ドイツ指導部の想定通りであった。

一方、労働力として使用し得ない「敵」を効率よく大量に殺戮していく「殺人工場」も、この頃にはビルケナウ(アウシュヴィッツ強制収容所内に設置された絶滅収容所)以下の各施設でフル稼働している。

マウトハウゼン強制収容所の石切場．苛酷な強制労働は事実上の死を意味した．alamy

世界観戦争の肥大化

一九四三年九月三〇日までに、ドイツ南方軍集団は、ドニエプル川を利用した防衛線に収まった。しかし、急追したソ連軍先鋒部隊は、あらゆる渡河手段(渡し舟やイカダを使ったり、兵が泳ぎ渡った事例もあった)を使って、ドニエプル川西岸に、いくつもの橋頭堡を築いていた。一一月一日、ソ連第一ウクライナ正面軍は、ブクリンにあった橋頭堡から攻撃を開始、六日には、ついにウクライナの大都キエフを奪還する。

明けて一九四四年、ソ連軍は大きなチャンスをつかんだ。一月二八日、第一ウクライナ正面軍と第二ウクライナ正面軍が、ドイツ軍約五万、六個師団および一個独立旅団を、コルスン付近で包囲したのだ。マンシュタインは、救援部隊を差し向け、ソ連軍の包囲環を食い破ったものの、打通まではいかなかった。マンシュタインは、ヒトラーの許可を待たず、包囲された部隊に、二月一六日から一七日にかけて、外側へ突破せよとの命令を下す。当該部隊は、必死で包囲環を抜け出し、およそ三万が逃れたという。

しかし、危機はエスカレートするばかりだった。泥濘期が訪れても、アメリカが供給した大量の全輪駆動トラックを駆使したソ連軍はなお攻勢を継続した。一九四四年三月までには、ドニエプル川流域のドイツ軍をほぼ掃討し終えたのである。ついで、第一および第二ウクライナ正面軍がドイツ軍の戦線を突破、二一個師団を擁するドイツ第一装甲軍が包囲された。だが、マンシュタインは、退却を拒むヒトラーを説得し、第一装甲軍を突囲脱出させた。

かかる経緯のなかで、注目されるのは、マンシュタインとヒトラーの対立であろう。マンシュタインは、退却により空間を犠牲にすることになろうと、ドイツ軍の戦力を温存し、それを使ってソ連軍に出血を強いることにより、敵を戦争に疲れさせ、妥協による講和をみちびき得ると考えていた。他方、ヒトラーが、世界観戦争と収奪戦争を優先させ、その妨げとなる占領地の放棄を肯《がえ》んじなかったことはいうまでもない。両者の見解の相違は、ときに激論に至ったが、一九四四年三月三一日に結着をみる。この日、ヒトラーは、マンシュタインを解任したのである。マンシュタインの回想によると、ヒトラーは、「貴官がとりわけその資質を発揮したような大規模な作戦を行う機会は、東部では無くなったがゆえに、軍集団を他の者にゆだねることに決めた」と宣告したという。

戦後、ドイツの将軍たちは、ヒトラーの軍事的な無知を批判し、敗北の原因を彼の死守命令に帰したが、彼らの言説はけっして額面通りに受け取れない。なぜなら、それは、対ソ戦を「通常戦争」ととらえる、彼らの認識のちがいから来るものと考えることもできるからだ。マンシュタインの解任は、その差異を象徴する事件であった。ヒトラーは、マンシュタインが「とりわけその資質を発揮したような大規模な作戦」、すなわち、軍事的合理性にもとづく「通常戦争」から「世界観戦争」へと、よりいっそう大股で踏み込んでいたのである。

軍事的合理性なき戦争指導

かかる認識のちがいは、国防軍だけでなく、ドイツの内外においても見られる。実際、ソ連との戦争を通常の和平交渉によって終わらせようとする動きもあった。たとえば、同盟国日本は、ドイツの戦力を吸収し、対米英の戦争努力を阻害する独ソ戦を終わらせたいと、さまざまなアプローチを試みていた。そもそも、一九四一年一一月一五日の大本営政府連絡会議で決定された戦争の基本方針「対英米蘭〔和蘭〕蔣〔蔣介石国民党政権下の中国〕戦争終末促進に関する腹案」には、「独「ソ」両国の意嚮《いこう》に依りては両国を講和せしめ「ソ」を枢軸側に引き入れ」る策が挙げられていたのである。これは、外務省の主導によるもので、海軍も賛成していた。

この方針を受けて、一九四二年二月から三月にかけて、海軍軍令部が駐日ドイツ海軍武官に独ソ和平を打診した。同三月、東郷茂徳外務大臣も、駐日ドイツ大使と独ソ和平の条件について話し合っている。ついで、陸軍参謀本部作戦部も独ソ和平工作に傾く。彼らは、駐日ドイツ大使を協力者に獲得、特使をドイツに送り込み、ヒトラーと会見させて、独ソ戦の終息を実現させようとした。ところが、その動きをリッベントロップ外務大臣に察知されてしまう。リッベントロップは、ドイツには対ソ和平の意思はないと日本側に通告、一九四二年の和平工作はひとまず沙汰止みになった。

にもかかわらず、戦況が悪化するにつれ、リッベントロップは戦争継続と和平のあいだで動揺するようになる。一九四三年前半、駐独日本大使大島浩に日本の対ソ参戦を慫慂《しょうよう》していながら、一方では、和平の可能性を模索して、中立国スウェーデンでソ連側との接触を深めたのである。ところが、リッベントロップとは対照的に、ヒトラーはなお独ソ戦を政治的に解決する可能性を排除していた。同年七月二九日、大島と会談したヒトラーは明言した。ウクライナを割譲するのであれば、和平に応じてもよいが、とうていスターリンにその用意はないだろう、と。

ファシスト・イタリアの独裁者、頭領《イル・ドゥーチェ》ベニート・ムッソリーニも、スターリングラードの敗戦後、ソ連との和平をヒトラーに訴えていた。しかし、結局のところ、日本も他の同盟国も、さらにはリッベントロップによる和平交渉の勧奨も、独ソ戦を、外交による解決が可能な戦争だと誤解しつづけていたのである。

クラウゼヴィッツは、戦争の本質が、敵に自らの意志を強要することである以上、敵戦闘力を完全撃滅し、無力化する「絶対戦争」を追求するべきだと考えた。けれども、現実には、さまざまな障害や彼のいう「摩擦」、また、政治の必要性などによって、戦争本来の性質が緩和されるために、絶対戦争が実行されることは例外でしかないとみなすようになったとされる。だが、ヒトラーは、まさにその例外を実現しようとしていた。

第二節　「バグラチオン」作戦

戦後をにらむスターリン

一方、スターリン外交の眼目は、ちょうどリッベントロップとは逆に、方針の動揺から、断固たるドイツの打倒へと進んでいた。実は、ドイツとの単独和平についても、独ソ開戦当初から、一九四三年のスウェーデンでの接触に至るまで、スターリンは、積極的ではないにせよ、可能性としては排除していなかったと推測されている。だが、スターリンはもはや、その選択肢を完全に捨て去っていた。そうした決断に大きく与っていたのが、西側の大国、米英との「大同盟」であったことはいうまでもない。

一九四一年六月二二日、ドイツ軍がソ連に侵攻したとの報を、米英は歓迎した。それによって、大国ソ連を味方に引き入れることができたと考えたのである。ナチス・ドイツの友であった共産主義国家が一転して、肩を並べてヒトラーと戦う同盟国になったとみた米英両国は、ソ連に対する支援を保証し、実行した。

一九四一年八月には、ソ連への援助物資を満載した最初のイギリス護送船団が、北の補給ル

ムルマンスクへ向かう輸送船団を護衛するイギリスの巡洋艦

ートである北海を越え、北極海の港アルハンゲリスクとムルマンスクに入っている。一九四一年九月には、中東を通る対ソ援助ルートを確保するため、ソ連とイギリスがイランを占領、同年一一月から、この補給路を使ったアメリカの物資輸送が開始された。最終的には、アメリカは総額一〇〇億八〇〇〇万ドル、イギリスは五〇億九〇〇〇万ドル相当の支援を、ソ連に与えたのである。

もちろん、米英が膨大な援助を実行したのは、対独戦の主役となっているのはソ連であり、この国が脱落したら、連合軍の敗北を招きかねないと危惧したからであった。ソ連側もまた、自らがおちいった苦境を脱しようと、「第二戦線」、米英軍の反攻により、東部戦線以外にドイツ軍を拘束する戦線を築くよう繰り返し求めた。スターリンが、第二戦線の展開をチャーチルに請うたのは、一九四一年七月一八日、独ソ開戦の約一か月後までさかのぼることができる。

加えて、スターリンは、ドイツ軍をほぼ一手に引き受けているという、米英に対する「貸し」を利用し、ソ連の国益確保を進めだした。早くも一九四一年一二月に、スターリンは、イギリス外相アンソニー・イーデンに対し、独ソ開戦時のソ連の国境線（すなわち、ポーランドの東半分やバルト三国などを領土に含むもの）を承認すべしと主張している。

スターリングラードの勝利以後は、ソ連のみが不均衡なほどにドイツの圧力を引き受けている、その代償として勢力圏の拡大を認めよと述べるまでになった。その要求は、モスクワにおける連合国外相会談（一九四三年一〇月一九日〜三〇日）などで、しだいに具体的になっていく。スターリン自身も、続くテヘラン会談において、チャーチル英首相とフランクリン・D・ローズヴェルト合衆国大統領に、連合軍側でのソ連の貢献を誇示し、さまざまな要求を出した。ソ連という重要な同盟国をつなぎとめる必要から、米英もこれを認めざるを得ない。

こうして、スターリンとソ連の外交目標は、ドイツを徹底的に打倒することを前提として、中・東欧の支配を米英に認めさせることへと固まっていく。スターリンは、独ソ不可侵条約とその付属議定書によって定められた勢力圏を、今度は米英との同盟によって、西に拡大しようともくろんだのである。

「報復は正義」

こうしたスターリンの外交攻勢の陰で、ソ連軍の側でも、人道を踏みにじる蛮行が繰り返されるようになっていた。独ソ戦の最終局面を叙述する前に、それらを概観しておこう。

東部戦線におけるドイツ軍の捕虜に対する扱いは苛酷であった。とはいえ、第三章で述べたように、ソ連軍のそれも、とうてい戦時国際法を守ったものとはいえない。一九四三年のスターリングラード戦勝利後、また戦後の一九四六年から一九四七年にかけて、捕虜収容所の環境は二度改善されたが、それでもなお充分ではなかった。ソ連が取ったドイツ軍捕虜の総数は、二六〇〇万から三五〇〇万まで諸説あるけれど、およそ三〇％が死亡しているというのは、おおかたの一致するところである。

また、ドイツ兵だけでなく、ソ連国内の「敵性住民」にも、非人道的な措置が適用された。中世以来の移民の結果、ソ連には、ヴォルガ・ドイツ人をはじめとする多数のドイツ系住民が存在していた。独ソ開戦時で、その数は一四〇万だったとされている。スターリンは、彼らに対し、シベリア、カザフスタン、ウズベキスタンへの強制移住を命じたのだ。かくて、七〇万とも一二〇万ともいわれる人々が、家畜運搬用の貨車、あるいは徒歩で大移動を行い、餓えや渇き、過剰に貨車に詰め込まれたがための酸欠で死亡した。また、移住先の環境も厳しく、最初の四年間の死亡率は、二〇ないし二五％におよんだという。なお、かかる強制移住の対象は、ドイツ系住民だけにとどまらず、のちには、ムスリムや旧バルト三国の国民、反スターリン運動が強かった西部ウクライナ住民にまで広げられた。

しかし、前線のソ連軍将兵の蛮行も、その残虐さにひけを取るものではなかった。先に触れたイデオロギーとナショナリズムの融合と、それによる国民の動員は、否が応でも敵に対する仮借なさを増大させていた。いまや、祖国を解放し、ドイツ本土に踏み入ることになったソ連軍将兵は、敵意と復讐心のままに、軍人ばかりか、民間人に対しても略奪や暴行を繰り広げたのである。

ソ連軍の政治教育機関は、そうした行為を抑制するどころか、むしろ煽った。再びイリア・エレンブルグの書いた記事を引こう。「報復は正義であり、報復は神聖でさえある。兵士の親友が殺され、妹がさらわれ、道すがらの村が略奪され、焼き払われただけで、理由は充分なのだ。ドイツの台所にぴかぴかの鍋があって、食器棚に磁器がいっぱい並んでいるだけで充分なのだ。殺すドイツ人が一人もいなければ、機関銃でやつらの珍奇なグラスを粉々にすればいい」。

よって、ソ連軍の行く先々で地獄絵図が展開されることになった。ある青年将校の証言を聞こう。「女たち、母親やその子たちが、道路の左右に横たわっていた。それぞれの前に、ズボンを下げた兵隊の群れが騒々しく立っていた」。「血を流し、意識を失った女たちを一か所に寄せ集めた。そして、わが兵士たちは、子を守ろうとする女たちを撃ち殺した」。

「大祖国戦争」を標榜《ひょうぼう》し、スターリン体制の維持とナショナリズムを合一させた政策は、ソ連側においても通常戦争の歯止めをはずし、犯罪行為を蔓延させていたのだ。ドイツ側もまた、ソ連側の蛮行に直面し、よりいっそう残虐なかたちで戦争を遂行することになる。

かくて、独ソ戦の最終局面は、空前、そして、今のところは絶後である巨大な暴力に染め上げられていくのである。

攻勢正面はどこか

ドイツ国防軍にとって、一九四四年夏は大敗の季節となった。

西側連合軍は、一九四三年に北アフリカの枢軸軍を潰滅させ、ついで、シチリア島、イタリア本土と攻めのぼって、ムッソリーニ政権を崩壊させていた。翌一九四四年六月六日、彼らは北仏ノルマンディに上陸し、橋頭堡を確保する。ついに、スターリンが熱望していた第二戦線が開かれたのだ。米英軍を主体とする連合軍の攻勢は、ドイツ軍の抵抗を受けて、一か月ほどは停滞していたが、八月に入ると、橋頭堡からの突破に成功し、たちまち西部戦線のドイツ軍を潰滅させた。同月二五日にはパリが解放される。

このノルマンディ上陸作戦に呼応して、ソ連軍の大攻勢が実施されるのは、時間の問題だった。焦点となったのは、どこで行われるかということである。

第一に考えられるのは、ポーランド南部とバルカン半島に進撃し、ルーマニアやハンガリーなど、枢軸側の諸国を戦争から脱落させることだ。ドイツ軍も、そうした作戦が行われる可能性がもっとも高いとみていた。ただし、同方面で作戦を実行すれば、ソ連軍の兵力を分散し、また、山岳地帯が多いバルカン半島の地形によって、前進が停滞する恐れがある。

第二の選択肢は、ウクライナから北西に進み、ポーランドを通ってバルト海沿岸に到達、ドイツ軍の背後を遮断することだった。だが、当時のソ連軍の指揮統制・兵站能力からすれば、このような大作戦は困難かと目された。

第三の可能性としては、フィンランドを屈服させ、バルト三国を奪回するために、北に戦力を集中することだった。けれども、そうした作戦では、大きな戦果は期待できない。北部ロシアで、ソ連軍と対峙していたドイツ北方軍集団は強力な陣地を構築しており、しかも、機動困難な地形であるから迂回作戦は見込めず、犠牲が多くなる正面攻撃をしかけるしかない。さらに、もし順調に進撃したところで、バルト海によって北翼を支えられたドイツ軍の戦線を突破することはありそうになかった。何よりも、一九四四年一月一三日から一四日にかけて開始されたソ連軍攻勢により、レニングラードはおよそ九〇〇日におよぶ攻囲から解放されており、北部ロシアに作戦努力を傾注する必要性は薄くなっていたのだ。

結局、ソ連軍が選んだ策は、プリピャチ湿地の北側に戦力を集中しての攻勢だった。ソ連軍のウクライナ攻勢が成功した結果、ドイツ軍の戦線は、白ロシア(ベラルーシ)に大きく張り出したかたちになっていた。この巨大な突出部を根元から切除することを企図したのである。スターリンは、ナポレオンの侵攻に抗した帝政ロシアの将軍にちなんで、この作戦に「バグラチオン」の名を冠した。

作戦術の完成形

「バグラチオン」作戦で注目すべきは、それがソ連作戦術の完成形を示していたことであろう。戦略目的を達成するために、戦役を配置するという作戦術の原則に従い、フィンランド方面の攻勢、白ロシア作戦(「バグラチオン」)、南部ポーランドへの進撃、ポーランド中部への進攻、ルーマニア攻撃から構成される五つの連続打撃を行うこととされていた。

これらの連続攻勢が相互に連関し、協同の実が得られるように、ヴァシレフスキーとジューコフの両将軍が、赤軍大本営代表として、自前の司令部とともに派遣された。彼らは、単にモスクワの伝声管にすぎない存在などではなく、赤軍大本営と各正面軍のあいだの中間指揮階梯を形成し、遅滞なく連続打撃を行えるよう調整する任を帯びていた。事実、ジューコフは麾下に置かれた第一・第二白ロシア正面軍、ヴァシレフスキーは第一バルト正面軍ならびに第三白

Glantz/House, *When Titans Clashed* 収録図をもとに作成

ロシア正面軍の各級司令官と討議を繰り返し、遺漏なき「バグラチオン」遂行を期したのである。これもまた作戦術の一環だったといえよう。ちなみに、こうして磨きあげられた作戦術は、翌年の「満洲国」侵攻でも猛威をふるうことになる。

一九四四年六月一〇日、ソ連軍はレニングラード北部で攻撃を開始し、六月二一日には、フィンランド領ヴィーポリ(現ロシア領ヴィボルグ)を占領した。ドイツ軍は増援を約束していたが、兵力の余裕がなく、実行されないままだった。九月一九日、ソ連軍の圧力に耐えかねたフィンランドは単独講和に踏み切る。

こうして、ドイツ軍の注意がフィンランドに向けられていた六月二二日、偶然のことではあったものの、ソ連侵攻からちょうど三年目に、「バグラチオン」作戦が発動された。投入されたのは、一二五万四三〇〇名の兵員、戦車・自走砲四〇七〇両、火砲三万四〇一六門、航空機四八五三機を有する四個正面軍である。対するドイツ軍の兵力は六三個師団、戦闘要員三三万六五七三名(後方要員等含まず)、戦車・自走砲四九五両、火砲二五八九門、航空機六〇二機。西のノルマンディ上陸作戦を、はるかに上回る巨大な会戦であった(上陸作戦決行日にノルマンディ地域にあった連合軍とドイツ軍の兵力を合わせても、二〇万強にすぎない)。

結果は、ドイツ軍にとっての破局にほかならなかった。ソ連軍の巧妙な欺騙工作と厳格な機密保持によって、ドイツ側は、中央軍集団が攻撃を受けるとしても、限定的なものにしかならないだろうと信じ込んでおり、その結果、「バグラチオン」は大きな奇襲効果を得たのだ。ソ連側に張り出したかたちで戦線を布いていた中央軍集団は、両翼包囲を受けて大敗した。死傷者・捕虜となった者の数は四〇万におよび、二八個師団が潰滅した。ソ連軍は猛進撃を続け、七月三日にはミンスクを解放、さらにポーランドに進撃して、同月末にはワルシャワ前面に達する。

この敗北によって、ドイツ国防軍は脊柱を折られ、とどめを刺されたといってよい。翌一九四五年まで戦争は続くけれども、ソ連軍を押しとどめるすべは、実質的になくなってしまった。かかるドイツ軍の窮境をみて、八月一日には、ポーランドの抵抗組織「国内軍」は、ワルシャワで武装蜂起を決行、市内中心部を占拠した。ところが、ソ連軍はワルシャワ近郊に迫っていたにもかかわらず、いうに足る支援を国内軍に与えようとはしなかったのだ。国内軍は孤立無援のまま、二か月を戦い抜き、力尽きて降伏した。

なぜ、スターリンは、ソ連軍を前進させ、ポーランド国内軍と手をつないで、ワルシャワを解放しなかったのか。しばしばなされる説明は、戦後、ポーランドに共産主義政権を立てて、衛星国とすることをもくろんでいたスターリンにとって、ロンドン亡命政権の指揮を受けていた国内軍は邪魔な存在であったから、敢えて見殺しにし、ドイツ軍がワルシャワ蜂起を粉砕するがままにまかせたというものである。しかし、近年では、ソ連軍はたしかにワルシャワ前面

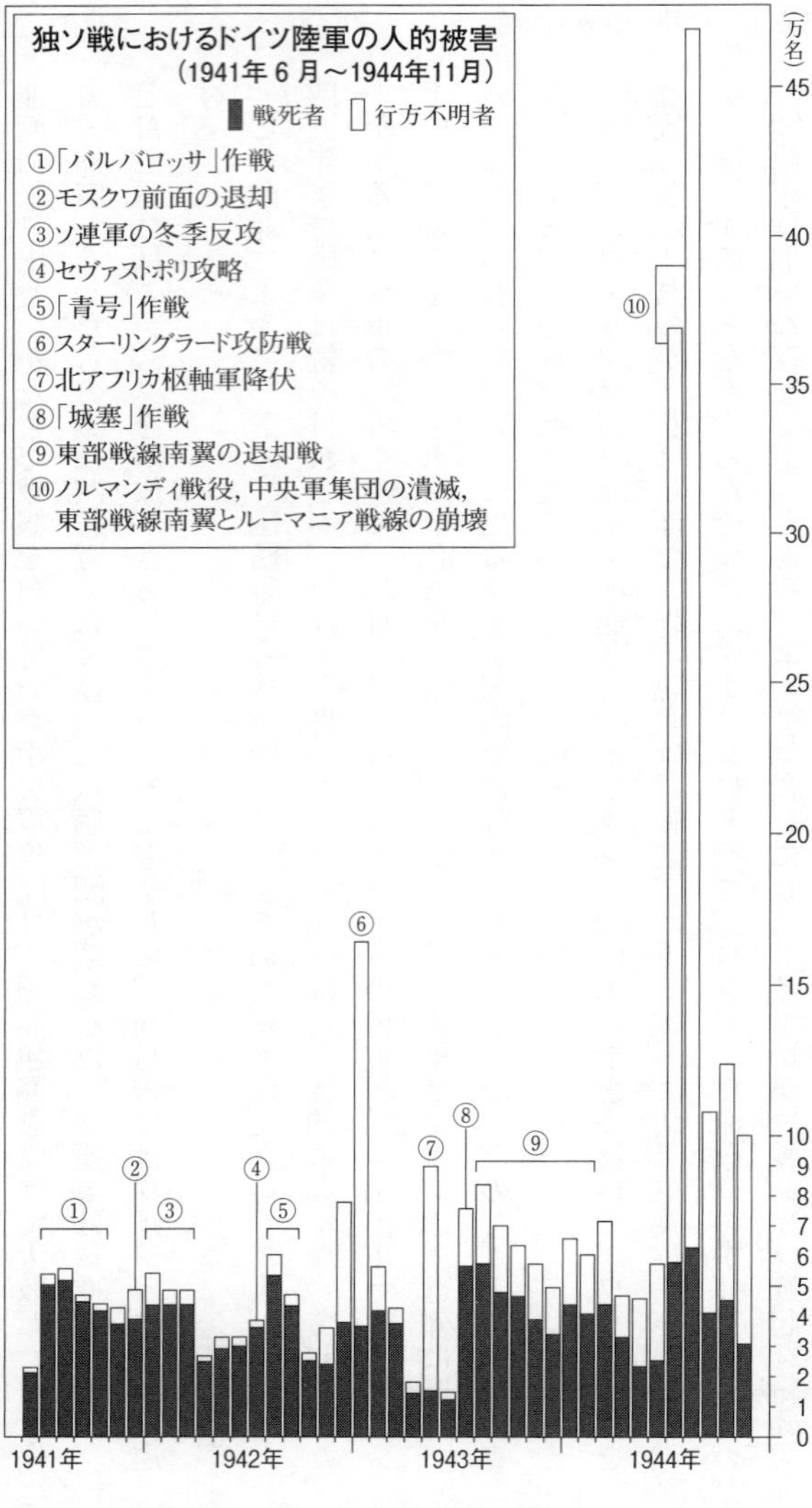

Brukhart Müller-Hillebrand, *Das Heer 1933–1945. Entwicklung des organizatorischen Aufbaues*, Bd. 3, Frankfurt a.M., 1969 付表より作成

にまで進んだものの、兵站の限界に達しており、ようやく態勢を立て直したドイツ軍の反撃を受けていたため、国内軍を支援することはできなかったという説も唱えられている。この問題をめぐる論争は、今なお継続中であり、決着はついていない。

第三節　ベルリンへの道

赤い波と砂の城

東部戦線は崩壊に瀕していた。一九四四年八月二〇日に発動されたルーマニア方面へのソ連軍攻勢は大きな成功を収め、九月末には、ブルガリアに進出する。ブルガリアは枢軸国の一員だったが、陣営を転じて、ソ連側に立って参戦したのである。ついで、ソ連軍はハンガリーに進撃し、一二月末までに首都ブダペストを包囲、ドイツ軍とハンガリー軍の守備隊を孤立させた。ドイツ軍はブダペストを救出するため、装甲部隊を派遣して、一九四四年一二月末から翌一九四五年一月にかけて反撃を行い、ひとまずソ連軍の前進を止めた。しかし、ソ連軍は攻撃を再開し、二月一二日、激しい市街戦ののち、ブダペストを占領した。北方、バルト海沿岸からポーランドにかけての地域においても、ソ連軍は「バグラチオン」以来の連続攻勢により、北方軍集団の後方を遮断しつつ、ドイツ国境に迫っていた。軍事的にみれば、すでに戦争の結着はついていたのである。

この窮境をみたリッベントロップ外相は、駐独日本大使大島浩を招き、ソ連との仲介を依頼した。日本側は、望み薄とは思いつつも、工作に着手し、その旨をリッベントロップに伝えた。ところが、結局、ヒトラーは最後まで軍事的成果に頼ると決定したというのが、リッベントロップの回答であった。

この一挿話に象徴されているように、ヒトラーは、敗北直前にあってもなお、対ソ戦を、交渉によって解決可能な通常戦争に(それが可能であったか否かは措いて)引き戻す努力をするつもりなどなかった。「世界観戦争」を妥協なく貫徹するというその企図は、まったく動揺していなかったのである。

「共犯者」国家

しかし、ヒトラーはそうであったとしても、ドイツ国民は何故、絶望的な情勢になっているにもかかわらず、抗戦を続けたのだろう。第一次世界大戦では、総力戦の負担に耐えかねた国民は、キールの水兵反乱にはじまるドイツ革命を引き起こし、戦争継続を不可能としたではないか。ならば、第二次世界大戦においても、ゼネストや蜂起によって、戦争を拒否することも可能ではなかったのか。どうして、一九四四年七月二〇日のヒトラー暗殺とクーデターの試みのごとき、国民大衆を代表しているとはいえない抵抗運動しか発生しなかったのであろうか。

これらの疑問への古典的な回答として、しばしば挙げられるのは、連合国の無条件降伏要求である。周知のごとく、一九四三年一月のカサブランカにおける、ローズヴェルト米大統領とチャーチル英首相の会談で打ち出された方針で、枢軸国に対しては、和平交渉を通じての条件付降伏を認めないとするものだ。ナチス・ドイツは、無条件降伏など、全面的な屈服と奴隷化を意味することだと喧伝し、それをまぬがれたければ、ひたすら戦い抜くしかないと、国民に対するプロパガンダに努めた。また、体制の統制・動員能力が、秘密警察等により、第一次世界大戦のときよりも飛躍的に高まっていたため、組織的な罷業や反抗など不可能だったとする説明もある。

けれども、近年の研究は、より醜悪な像を描きだしている。本書でも述べたごとく、ナチ体制は、人種主義などを前面に打ち出し、現実にあった社会的対立を糊塗して、ドイツ人であるだけで他民族に優越しているとのフィクションにより、国民の統合をはかった。しかも、この仮構は、軍備拡張と並行して実行された、高い生活水準の保証と社会的勢威の上昇の可能性で裏打ちされていた。こうした政策が採られた背景には、第一次世界大戦で国民に耐乏生活を強いた結果、革命と敗戦をみちびいた「一九一八年のトラウマ」がヒトラー以下のナチ指導部に

「自由と命を懸けて　国民突撃隊」．ソ連軍，英米連合軍の進攻を迎え撃つべく組織された民兵組織，国民突撃隊への志願を促すポスター．ドイツ歴史博物館蔵

あったからだとする研究者もいる。

　とはいえ、ドイツ一国の限られたリソースでは、利によって国民の支持を保つ政策が行き詰まることはいうまでもない。しかし、一九三〇年代後半から第二次世界大戦前半の拡張政策の結果、併合・占領された国々からの収奪が、ドイツ国民であるがゆえの特権維持を可能とした。換言すれば、ドイツ国民は、ナチ政権の「共犯者」だったのである。それを意識していたか否かは必ずしも明白ではないが、国民にとって、抗戦を放棄することとは、単なる軍事的敗北のみならず、特権の停止、さらには、収奪への報復を意味していた。ゆえに、敗北必至の情勢となろうと、国民は、戦争以外の選択肢を採ることなく、ナチス・ドイツの崩壊まで戦いつづけたというのが、今日の一般的な解釈であろう。

　つまり、ヒトラーに加担し、収奪戦争や絶滅戦争による利益を享受したドイツ国民は、いよいよ戦争の惨禍に直撃される事態となっても、抗戦を放棄するわけにはいかなくなっていたのである。

ドイツ本土進攻

他方、スターリンとソ連にとっての独ソ戦はすでに、生存の懸かった闘争から、巨大な勢力圏を確保するための戦争へと変質していた。ドイツの侵攻前に獲得していた地域に加え、さらに領土を拡大することが戦争目的とされたのだ。たとえば、戦後に成立するであろうポーランドにも、一九三九年に奪った地域は返還せず、ドイツの領土を割譲させて、同国を西に動かすこととされた。また、それ以上に、中・東欧を制圧して、衛星国を立て、西側との緩衝地帯とすることが重要であった。そのためには、できる限りソ連軍を進撃させ、中・東欧の支配を既成事実にしなければならない。

こうしたスターリンの政策が如実に示されたのは、一九四五年二月、クリミア半島のヤルタで行われた米英ソ首脳会談であった。スターリンは、敗戦ドイツの分割統治のほか、ポーランド、バルト三国、チェコスロヴァキア、バルカン半島諸国を勢力圏とすることを求めた。

ドイツ本土進攻作戦は、事実上、こうしたスターリンの戦略目標を達成するための計画であった。バルカン方面の攻勢により、ドイツ軍の予備を南に誘引したのちに、正面攻撃と南からの突進により、東プロイセンにある敵を包囲殲滅、ケーニヒスベルク(現ロシア領カリーニングラード)を占領する。この東プロイセン作戦と同時に、ヴィスワ川からポーランド西部を横断し、ベルリンを指向する主攻がはじまる。

一九四五年一月一二日、ソ連軍のドイツ進攻作戦が開始された。第一ウクライナ正面軍は攻勢発動から一週間でドイツ本土に進入、同月二一日から二二日にかけての夜に、ベルリンを守る最後の自然の障壁であるオーデル川を渡河していた。第一白ロシア正面軍も、一月三一日にキュストリン北方でオーデル川を渡る。

もはや、ソ連軍のベルリン進撃を押しとどめるものはないかと思われたが、スターリンは安全策を採り、敵首都に前進する前に、両側面、ポンメルンとシュレージェン(シレジア)のドイツ軍残存部隊を掃討せよと命じた。この間、首都を守るべきドイツ軍装甲部隊の主力は、そこにいなかった。一九四五年一月の反撃が当初成功したことを過大評価したヒトラーは、最後に残った強力な装甲軍(第六SS)をハンガリーに派遣、反攻を実施させていたのである(三月に作戦中止)。三月一六日、ソ連軍が攻勢を発動するとともに、ベルリン前面のドイツ軍の戦線は寸断された。南では、潰走するドイツ軍を追撃したソ連軍が、四月一三日にウィーンに入った。

ベルリン陥落

当初は慎重な作戦指導を堅持していたスターリンであったが、四月に入ると、ベルリン攻略を急ぐ必要が出てきた。西側連合軍がライン川を渡り、急速に東進をはじめていたからだ。敵首都占領の栄誉を譲ってはならないと、スターリンは、ベルリンへの進撃を速めるように命じた。

一九四五年四月一六日、ジューコフ指揮の第一白ロシア正面軍は、ベルリン東方のゼーロフ高地の攻撃にかかった。ここを突破すれば、ベルリンへの道には何の障害もなくなる。ところが、圧倒的な数で攻めたはずのソ連軍は、ドイツ軍装甲部隊の巧妙な反撃を受け、大損害を被った。しばしば、ドイツ軍装甲部隊の「白鳥の歌」と称される戦術的な勝利であった。だが、今日では、ゼーロフの戦いは、いわば、ドイツ軍の勝利というよりも、ジューコフの敗北だったことがわかっている。ジューコフが狭隘《きょうあい》な正面に兵力を過剰集中したため、ソ連軍は、作戦・戦術的に有効な動きを取ることができず、ドイツ軍の防御砲火の好餌となったのである。

その晩に、ゼーロフ高地奪取の失敗を報告したジューコフに対し、スターリンは、イヴァン・Ｓ・コーニェフ元帥率いる第一ウクライナ正面軍の進撃は順調であるから、そちらにベルリン包囲の命令を出すと告げた。典型的な分割統治である。スターリンは、将軍たちを分断し、競争させることこそが、おのれの利益にかなうことを心得ていたのだ。ジューコフとしても、ライバルが大功を上げるのを拱手傍観しているわけにはいかない。翌一七日、第一白ロシア正面軍は、ゼーロフ高地を迂回、他の正面で突破に成功する。戦闘の焦点は、いよいよベルリンに移った。

ライヒスタークでの戦闘．千年帝国の首都となるはずだったベルリンは荒涼たる廃墟と化した．
gettyimages

四月二〇日、ソ連軍先鋒部隊は、ベルリンに最初の砲撃を浴びせた。第一白ロシア正面軍が北東、第一ウクライナ正面軍が南東から、ベルリン包囲にかかる。しかし、ヒトラーは、首都を離れようとしなかった。総統がベルリンにある以上、ドイツ国民は抗戦しつづけるはずだし、また、外部からの救援軍が包囲を解くものと信じたのだ。だが、そうした部隊は、実際には、すでに消耗しきっており、ベルリン解囲など不可能であった。

四月二六日、ジューコフの第一白ロシア正面軍は、ベルリン市内に突入した。市街戦が開始され、とりわけ国会議事堂《ライヒスターク》周辺では激戦となった。ソ連軍はしだいに市の中心部を制圧、ベルリンのドイツ軍守備隊は五月二日に降伏する。それに先だつ四月三〇日、ヒトラーは、総統地下壕で自殺していた。その遺書には、なお闘争を継続せよとの訴えが記されていたのである。

ポツダムの終止符

大戦最終段階のドイツは黙示録的様相を呈していた。ドイツ本土に進攻したソ連軍は、略奪、暴行、殺戮を繰り返していたのだ。かかる蛮行を恐れて、死を選んだ例も少なくない。なかには、集団自決もあった。フォアポンメルンの小都市デミーンでは、ソ連軍の占領直後、一九四五年四月三〇日から五月四日にかけて、市民多数が自殺した。正確な死者数は今日なお確定されていないが、七〇〇ないし一〇〇〇名以上が自ら命を絶ったと推定されている。世界観戦争の敗北、その帰結であったが、ナチのプロパガンダは、デミーンこそ模範であるとして称賛した。

加えて、ドイツが占領した土地へ入植した者、ロシア、ポーランド、チェコスロヴァキア、バルカン諸国のドイツ系住民が、ソ連占領軍や戦後に成立した中・東欧諸国の新政権によって追放されたことによっても、膨大な数の犠牲者が出ていた。彼ら「被追放民《フェアトリーベネ》」は、財産を没収され、飢餓や伝染病に悩まされながら、多くは徒歩でドイツに向かったのだ。その総数は、一二〇〇万ないし一六〇〇万と推定されている。うち死者は一〇〇万とも二〇〇万ともいわれる。

かかる混乱の余波もさめやらぬなか、七月一七日より、ベルリン近郊のポツダム市で、連合国首脳会談が開かれた。スターリンと米英のトップが、戦後秩序のあり方を論じたのだ。この

Earl Frederick Ziemke, *The U.S. Army in the occupation of Germany, 1944–1946*, Washington, D.C., 1975 収録図をもとに作成

会談の結果、ドイツ東部領土のソ連とポーランドへの割譲、ドイツ分割占領の方針などが決められた。後者は、のちに、ドイツの東西分裂につながっていく。そうしてできたドイツ連邦共和国(西ドイツ)とドイツ民主共和国(東ドイツ)が、再び統一されるまでには、半世紀近い時間を要した。

東方植民地帝国の建設をめざして開始された「世界観」戦争は、ヒトラーが一千年続くと呼号した国家の崩壊、さらには他民族による占領と民族の分裂というかたちで、ピリオドを打たれたのである。

終章　「絶滅戦争」の長い影

複合戦争としての対ソ戦

以上、本書では、独ソ戦の前史から、その経緯、そして、何よりも、その性格を論述してきた。そこから、ドイツが遂行しようとした対ソ戦争は、戦争目的を達成したのちに講和で終結するような一九世紀的戦争ではなく、人種主義にもとづく社会秩序の改変と収奪による植民地帝国の建設をめざす世界観戦争であり、かつ「敵」と定められた者の生命を組織的に奪っていく絶滅戦争でもあるという、複合的な戦争だったことが理解されるであろう。

最初、対ソ戦は、通常戦争、収奪戦争、世界観戦争(絶滅戦争)の三つが並行するかたちで進められた(模式図を参照されたい)。しかし、この三種類の戦争が重なるところでは、国防軍による出動部隊の支援やレニングラードへの飢餓作戦などの事象がすでに現れていた。続いて、通常戦争での優勢が危うくなると、収奪戦争と絶滅戦争の比重が大きくなる。さらに敗勢が決定的になり、通常戦争が「絶対戦争」に変質した。しかも、それは、絶滅戦争と収奪戦争に包含され、史上空前の殺戮と惨禍をもたらしたのである。

これに対し、ソ連にとっての対独戦は、共産主義の成果を防衛することが、すなわち祖国を守ることであるとの論理を立て、イデオロギーとナショナリズムを融合させることで、国民動

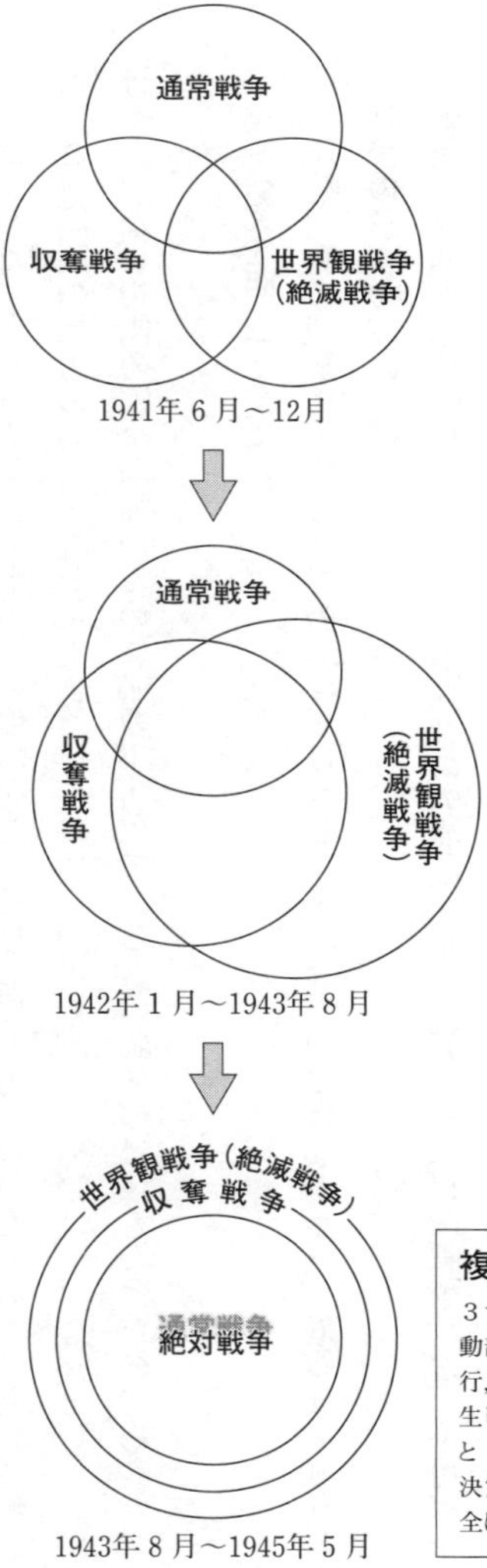

複合戦争としての対ソ戦

３つの円の重なるところで，国防軍による出動部隊の支援，労働力確保のための強制連行，虐殺・掠奪等のナチ犯罪・戦争犯罪が生じる．戦局の悪化とともに「世界観戦争」と「収奪戦争」が肥大化し，ドイツの敗戦が決定的となった最終段階で，通常戦争は完全に飲み込まれ，「絶対戦争」へと変質した．

員をはかった。かかる方策は、ドイツの侵略をしりぞける原動力となったものの、同時に敵に対する無制限の暴力の発動を許した。また、それは、中・東欧への拡張は、ソ連邦という、かけがえのない祖国の安全保障のために必要不可欠であるとの動機づけにもなったのであった。

実証研究を阻んできたもの

しかし、右の理解に達するまでの道は、けっして平坦なものではなかった。最後に、そうした戦後の解釈の流れを概観しておこう。

戦後のソ連と衛星国においては、対独戦の実態は隠蔽された。「大祖国戦争」は、不可侵条約を無視したファシストの侵略を、ソ連邦を構成する諸国民が正面から受け止め、撃退し、輝かしい勝利を獲得して、共産主義イデオロギーとその原則によって築かれた体制の優位を示したとする公式史観が流布されたのである。かかる国民の「神話」を維持するため、機密文書の多くは封印されたままとなり、さらに、歴史家までも加わって、公式史観に都合の悪い事実に歪曲と隠蔽がほどこされた。

こうした状態は、一九八〇年代後半のミハイル・S・ゴルバチョフ書記長による改革《ペレストロイカ》と情報公開《グラスノスチ》、さらには、一九九一年のソ連邦崩壊まで続いたが、それ以降の機密文書解除と歴史議論の自由化により、ようやく新史料や新証言による独ソ戦の真相解明が進みつつある。

一方、ドイツ側においては、軍事的な意味でも、ナチ犯罪・戦争犯罪という面でも、対ソ戦の責任は、戦後ながらく、死せるヒトラーに押しつけられ、ゆがめられた独ソ戦像が描かれてきた。国防軍の将軍たちは、陸軍総司令部は対ソ戦に消極的だったにもかかわらず、ヒトラーの意志に押し切られたとする伝説を広めたのだ。東部戦線で行われたジェノサイドについても、すべては親衛隊のやったことで、国防軍は関与していないと述べたてた。こうした主張は、前出のパウル・カレルの著作をはじめとする、ノンフィクションと銘打った政治的な書物や雑誌記事によって、西ドイツの社会に浸透していく。

しかし、このような将軍たちの仮構も、歴史研究が進み、また、冷戦終結後に国民意識が変化するにつれて、突きくずされていった。たとえば、本書で触れたように、ヒトラーのみならず、ドイツ国防軍もまた軍事的な観点から、対ソ戦やむなしと考えていたことが暴露されたのである。ナチ犯罪・戦争犯罪との関わりについても、一九九五年から一九九九年、二〇〇一年から二〇〇四年の二度にわたって行われた、国防軍の犯罪をテーマとする巡回展示会「国防軍展」を契機に、ドイツ社会に知れ渡った。今日では、国防軍とナチ・戦争犯罪は、独ソ戦研究の重要なテーマの一つになっているといってよい。

利用されてきた独ソ戦史

とはいえ、独ソ戦の歴史は、政治的に利用されてきたし、一面では、現在も利用されている。たとえば、戦後の西ドイツでは、陸軍総司令部は適切な作戦指導を実行してきたのであり、ヒトラーの誤った決断とマイクロマネジメント的な介入がなければ、戦争に勝っていたとの言説が有力であった。軍事的にも、国防軍は作戦・戦術的に優越していたのであり、ただソ連の流血をものともしない人的資源の投入と物質的優位に敗れたにすぎないとする主張が認められてきたのだ。

むろん、今日では、そうした議論は成り立たなくなっている。すでに論じたごとく、陸軍総司令部が立案した対ソ作戦は、敵の実力を過小評価し、自らの兵站能力を無視した、ずさんなものでしかなかった。ソ連の人的・物的資源の優位は、なるほど、彼らの勝利の一因であった。しかし、独ソ戦中盤以降、ソ連軍は、作戦術にもとづく戦略次元の優位により、ドイツ国防軍を圧倒したというのも事実なのである。

にもかかわらず、数のソ連軍に質で優るドイツ軍という伝説は、冷戦期には、西ドイツのみならず、西側諸国においても受け入れられてきた。ソ連を中心としたワルシャワ条約機構の圧倒的な軍事力と対峙していたNATO（北大西洋条約機構）諸国にあっては、ドイツ国防軍の将軍たちがつくりあげた対ソ戦のメタファーは、自由で民主主義的な体制は、物量を投入するだけの非人間的な共産主義の軍勢に優るとの信念の前提となり得たからであった。

かくのごとく、独ソ戦とその結果は、さまざまに利用されてきた。最近では、プーチンのロシアが、民族の栄光を象徴し、現体制の正統性を支える歴史的根拠として、対独戦の勝利を強調しているのは、周知の通りだ。また、かつての西ドイツ、そして、現在のドイツにおいても、被追放民の政治団体「被追放民同盟」は、政治に右バネを効かせつづけている。

独ソ戦終結から七〇年以上を経ても、この戦争の余波は消え去ろうとはしていないのである。絶滅・収奪戦争を行ったことへの贖罪意識と戦争末期におけるソ連軍の蛮行に対する憤りはなお、ドイツの政治や社会意識の通奏低音になっている。敢えてたとえるなら、ドイツ人にとっての独ソ戦の像は、日本人が「満洲国」の歴史や日中戦争に対して抱くイメージと重なっているといえよう。

その意味で、この戦争の実態を知ることは、ドイツ現代史、ひいては、ドイツの現状を理解する上で重要な前提になろうし、おそらくは、昭和戦前期の歴史をアクチュアルな政治問題として抱える日本人にとっても有益であるはずだ。

本書が、そのささやかな手引きとなることを願ってやまない。

文献解題

最後に、読者が今後知識を深めていく上で、重要な手がかりとなるような史資料、あるいは直接引用した文献を示すことにより、参考文献リストに代えることとする。可能なかぎり、邦語文献を優先したが、未訳のものは、筆者が付けた仮の邦題を掲げ、原書の書誌情報を記す。邦訳があるものについては、訳書の書誌情報のみを記した。それらのなかには、著者名・書名等で、本書と異なる固有名詞表記を採用しているものもあるが、原文ママとしている。

1　史資料・文献

全　般

独ソ戦の前提となる第二次世界大戦の通史については、ドイツ連邦国防軍の軍事史研究局の編纂した『ドイツ国と第二次世界大戦』Militärgeschichtliches Forschungsamt, *Das deutsche*

Reich und der Zweite Weltkrieg, 10 Bde., Stuttgart, 1979–2008が、軍事のみならず、戦争経済や外交、国民生活なども扱っており、重要な研究となっている。また、独ソ戦のみならず、第二次世界大戦史全般に関する基本史料として、ドイツ陸軍参謀総長フランツ・ハルダー上級大将の日記、いわゆる『ハルダー日記』Arbeitskreis für Wehrforschung, *Generaloberst Halder Kriegstagebuch. Tägliche Aufzeichnungen des Chefs des Generalstabes des Heeres 1939–1942*, 3 Bde., Stuttgart, 1962–1964がある(拙訳にて刊行の予定)。

最近訳出された、ヘドリー・P・ウィルモット『大いなる聖戦』(等松春夫監訳、上下巻、国書刊行会、二〇一八年)は、独ソ戦こそが第二次世界大戦の帰趨を決したとの重要な視点から書かれた概説書である。戦史・軍事史面からの独ソ戦史としては、何よりも、『巨人たちが激突するとき』David M. Glantz/Jonathan M. House, *When Titans Clashed. How the Red Army Stopped Hitler*, revised and expanded edition, Lawrence, Kans., 2015を参照すべきである。一九九五年刊の旧版は『詳解 独ソ戦全史——「史上最大の地上戦」の実像』というタイトルで邦訳も出ていたが、残念ながら、この訳書には誤訳が多数あり、依拠することができない。たとえば、本書一二七〜一二八頁に示した一九四一年から四二年の冬季戦に関する重要な指摘は、つぎのように、まったく逆の意味に訳されている。

"The German forces had survived not because of the 'stand fast' order but because the Soviets had attempted more than they could accomplish."(David M. Glantz/Jonathan M. House, *When Titans Clashed. How the Red Army Stopped Hitler*, Lawrence, Kans., 1995, p. 97 の原文)

「独軍が持ちこたえたのは「死守命令」のおかげではなく、独軍将兵がソ連側がする以上のことを成し遂げたからであった。」(守屋純訳)

ほかにも、総統大本営があったラステンブルクを「ラシュテンブルク」と表記するなど、単純ミスに至っては数えきれず、とうてい依拠できない訳書となっているのは遺憾である。したがって、当面は、二〇一五年に刊行された右記の原書改訂増補版を参照するのがよかろう。こちらの新訳が待たれるところである。

欧米では独ソ戦の研究書は枚挙にいとまがない。ドイツ語の文献にあたる意欲のある読者には、入門書として、『バルバロッサ作戦』Christian Hartmann, *Unternehmen Barbarossa. Der deutsche Krieg im Osten 1941–1945*, München, 2011 を薦めたい。コンパクトながら的確に要点がまとめられている。独ソ戦の解題付文献目録では、『一九四一年から四五年までの東方におけるヒトラーの戦争』Rolf-Dieter Müller/Gerd R. Ueberschär (Hrsg.), *Hitlers Krieg im Osten 1941–1945. Ein Forschungsbericht*, Darmstadt, 2000 が、二〇〇〇年までに刊行された史資料を網羅している。二一世紀に入ってから刊行された文献については、新しい研究書の文献目録や欧米の学術雑誌、たとえば、ドイツの『軍事史雑誌』(*Militärgeschichtliche Zeitschrift*)やイギリスの『スラヴ軍事研究雑誌』(*Journal of Slavic Military Studies*)などを追うとよいだろう。

また、独ソ戦の重要なアクターであるヒトラーの伝記としては、今のところ、イアン・カーショー『ヒトラー』(石田勇治監修／川喜田敦子／福永美和子訳、上下巻、白水社、二〇一六年)が、決定版的存在であり、独ソ戦の理解にも裨益《ひえき》するところが大きい。ナチス・ドイツの通史としては、まだ原書の第一巻分(訳書は上下巻に分割されている)が邦訳刊行されただけだが、リチャード・J・エヴァンズ『第三帝国の歴史』(大木毅監修／山本孝二訳、全六巻、白水社、二〇一八年〜)が、詳細かつ包括的な叙述を行っている。

スターリン伝では、ドミートリー・ヴォルコゴーノフ『勝利と悲劇――スターリンの政治的肖像』(生田真司訳、上下巻、朝日新聞社、一九九二年)が詳しいが、著者がレーニンからスターリンにおよぶソ連の指導者に、過度に批判的であることに注意する必要がある。

以下、本書各章に関する文献について、解題を付して紹介する。

はじめに　現代の野蛮

アレグザンダー・ワース『戦うソヴェト・ロシア』(中島博／壁勝弘訳、全二巻、みすず書房、一九六七〜六九年)は、独ソ戦前半を描いた優れたルポルタージュで、今日でもなお古びていない。パウル・カレルの問題性については、大木毅『第二次大戦の〈分岐点〉』(作品社、二〇一六年)所収の拙論「パウル・カレルの二つの顔」に詳述しているので参照されたい。

第一章　偽りの握手から激突へ

『スターリンが知っていたこと』David E. Murphy, *What Stalin Knew. The Enigma of Barbarossa*, New Haven/London, 2005 は、独ソ戦前夜の情報戦に関する興味深い記述を多数含む。ヒトラーの対ソ戦決定については、三宅正樹『日独伊三国同盟の研究』（南窓社、一九七五年）に研究史が手際よくまとめられている。国防軍が対ソ戦に積極的であったことは、前掲『ドイツ国と第二次世界大戦』第四巻で指摘された。対ソ作戦計画の具体的な立案については、バリー・リーチ『独軍ソ連侵攻』（岡本鐳輔訳、原書房、一九八一年）が詳しい。

第二章　敗北に向かう勝利

ソ連軍のドクトリンについては、片岡徹也編『軍事の事典』（東京堂出版、二〇〇九年）に簡便な記述がある。一九三六年版「赤軍野戦教令」は、戦前に旧日本陸軍が訳したものが、戦後に解説を付して、土居明夫『ソ連の戦術』（大蔵出版、一九五三年）として出版された。「電撃戦」の実態とそのドクトリンに関しては、カール＝ハインツ・フリーザー『電撃戦という幻』（大木毅／安藤公一訳、上下巻、中央公論新社、二〇〇三年）に論じられている。独ソ戦の初期段階で生起した大規模な戦車戦については、拙論「幻の大戦車戦——消された敗北」(前掲『第二次大戦の〈分岐点〉』所収)で論述されている。本章のスモレンスク戦に関する記述は、デイヴィッド・ストーエルの研究に依拠している。『バルバロッサ作戦と東方におけるドイツの敗北』David Stahel, *Operation Barbarossa and Germany's Defeat in the East*, Cambridge et al., 2009をみられたい。本書でも解説したが、大木毅『ドイツ軍事史——その虚像と実像』(作品社、二〇一六年)所収の拙論「隠されたターニング・ポイント——スモレンスク戦再評価」でも詳述している。また、ドイツ側の兵站の問題は、マーチン・ファン・クレフェルト『補給戦』(佐藤佐三郎訳、中公文庫、二〇〇六年)でも批判されている。

第三章　絶滅戦争

田嶋信雄『ナチズム外交と「満洲国」』(千倉書房、一九九二年)の第一部「ナチズム期ドイツ外交の分析枠組」は、同書が出版された時点までのナチズム体制に関する研究史の簡にして要を得た見取り図となっている。ヒトラーの「プログラム」とナチス・ドイツの戦略については、まず『ヒトラーの戦略』Andreas Hillgruber, *Hitlers Strategie. Politik und Kriegführung 1940–1941*, 1. Aufl., Frankfurt a.M., 1965(2. Aufl., München, 1982)を参照する必要があろう。「プログラム」論成立の土台となった文献は、現在では、つぎのような邦訳書がある。まず、アドルフ・ヒトラー『わが闘争』(平野一郎／将積茂訳、上下巻、角川文庫、一九七三年)だが、原書にあたるのであれば、ドイツ現代史研究所が刊行した註釈版 Christian Hartmann et al., *Hitler, Mein Kampf. Eine kritische Edition*, 2 Bde., Müünchen/Berlin, 2016 を用いるのが適当であろう。ヘルマン・ラウシュニング『永遠なるヒトラー』(船戸満之訳、新版、八幡書店、一九八六年)は、今日では偽書だと判明しているが、邦訳があり、日本語で読むことができる。

食卓その他でのヒトラー談話速記録には、さまざまな版があるが、ヒュー・トレヴァ＝ローパー編『ヒトラーのテーブル・トーク』(吉田八岑監訳、上下巻、三交社、一九九四年)が翻訳されている。トレヴァ＝ローパーのいう一九四五年の食卓談話は、マルティン・ボアマン記録『ヒトラーの遺言　一九四五年二月四日—四月二日』(篠原正瑛訳、原書房、一九九一年)に収められている。いわゆる『第二の書』Gerhard L. Weinberg (Hrsg.), *Hitlers Zweites Buch. Ein Dokument aus dem Jahr 1928*, Stuttgart, 1961 には、つぎの二種類の邦訳がある。アドルフ・ヒトラー『続・わが闘争』(平野一郎訳、角川文庫、二〇〇四年)。同『ヒトラー第二の書——自身が刊行を禁じた「続・わが闘争」』(立木勝訳、成甲書房、二〇〇四年)。

「プログラム」論への批判として重要なのは、以下の三つの論文である。

●「ナチズムにおける社会的動機付けと総統の被拘束性」Martin Broszat, 'Soziale Motivationen und Führer-Bindung des Nationalsozialismus', in: *Vierteljahreshefte für Zeitgeschichte* 18 (1970),

S. 392–409.

●「ナチズムにとっての一九一八年の遺産」Timothy Mason, 'The Legacy of 1918 for National Socialism', in: A. J. Nicolls and E. Matthias (eds.), *German Democracy and the Triumph of Hitler*, London, 1961, pp. 144–153.

●「一九三九年の侵略戦争の機能」Timothy Mason, 'Zur Funktion des Angriffskrieg 1939', in: G. Ziebura (Hrsg.), *Grundfragen der Deutschen Aussenpolitik seit 1871*, Darmstadt, 1975, S. 376–413.

ドイツ軍の飢餓計画については、リジー・コリンガム『戦争と飢餓』（宇丹貴代実／黒輪篤嗣訳、河出書房新社、二〇一二年）に記載がある。また、「東部総合計画」は、Mechtild Rössler/Sabine Schleiermacher, *Der 'Generalplan Ost': Hauptlinien der Nationalsozialistischen Planungs- und Vernichtungspolitik*, Berlin, 1993 として翻刻されている。

ホロコーストに関しては、コンパクトな概説書として、芝健介『ホロコースト――ナチスによるユダヤ人大量殺戮の全貌』（中公新書、二〇〇八年）がとくに優れている。本格的な研究書としては、ラウル・ヒルバーグ『ヨーロッパ・ユダヤ人の絶滅』（望田幸男／原田一美／井上茂子訳、上下巻、柏書房、一九九七年）を参照されたい。日本語で読める専門書として、とくに独ソ戦とホロコーストとの関わりに重点を置いた、永岑三千輝の研究書三点を挙げておく。『ドイツ第三帝国のソ連占領政策と民衆　１９４１－１９４２』（同文館、一九九四年）、『独ソ戦とホロコースト』

（日本経済評論社、二〇〇一年）、『ホロコーストの力学——独ソ戦・世界大戦・総力戦の弁証法』（青木書店、二〇〇三年）。このうち『独ソ戦とホロコースト』では、出動部隊について詳述されている。

ソ連軍将兵の抗戦意志形成については、『なぜスターリンの将兵は戦ったのか』Roger R. Reese, *Why Stalin's Soldiers Fought. The Red Army's Military Effectiveness in World War II*, Lawrence, Kans., 2011 が興味深い。ソ連軍では、数多くの女性が前線で戦った。彼女たちの視点からみた戦争の描写として、スヴェトラーナ・アレクシエーヴィチ『戦争は女の顔をしていない』（三浦みどり訳、岩波現代文庫、二〇一六年）は一読の価値がある。また、子供の視点からみた、同『ボタン穴から見た戦争——白ロシアの子供たちの証言』（三浦みどり訳、岩波現代文庫、二〇一六年）も貴重な記録である。

第四章　潮流の逆転

軍事的な経過については、グランツとハウスの前掲書 *When Titans Clashed* が必要な情報を網羅している。モスクワの戦いについては、アンドリュー・ナゴルスキ『モスクワ攻防戦——20世紀を決した史上最大の戦闘』（津守滋監訳／津守京子訳、作品社、二〇一〇年）がある。「青号」作戦の流れは、アントニー・ビーヴァー『スターリングラード　運命の攻囲戦１９４２-１９４３』（堀たほ子訳、朝日文庫、二〇〇五年)がわかりやすい。スターリングラード以後のソ連軍の反攻から「城塞」作戦までの経緯については、さしあたり、デニス・ショウォルター『クルスクの戦い1943——独ソ「史上最大の戦車戦」の実相』(松本幸重訳、白水社、二〇一五年)をみられたい。最新の研究水準を示すものとしては、Roman Töppel, *Kursk 1943. Die größte Schlacht des Zweiten Weltkriegs*, Paderborn, 2017があり、高い評価を受けて、英仏露西の四か国語に訳されている。拙訳により、日本でも出版される予定である。また、この間の軍事作戦を検討するには、マンシュタインの回想録、エーリヒ・フォン・マンシュタイン『失われた勝利』(本郷健訳、上下巻、中央公論新社、一九九九〜二〇〇〇年)が不可欠であるが、当然のことながら、慎重な史料批判を要する資料である。前原透監修/片岡徹也編『戦略思想家事典』(芙蓉書房出版、二〇〇三年)には、ソ連の軍事思想家の小伝が収録されている。

第五章　理性なき絶対戦争

ヒトラーとマンシュタインの対立を論じた文献としては、マンゴウ・メルヴィン『ヒトラーの元帥　マンシュタイン』(大木毅訳、上下巻、白水社、二〇一六年)がある。ベルリンの戦いを含む戦争の最終段階を描いたノンフィクションとしては、アントニー・ビーヴァー『ベルリン陥落1945』(川上洸訳、白水社、二〇〇四年)がよい。Gerd R. Ueberschär/Rolf-Dieter Müller, *1945.*

Das Ende des Krieges, Darmstadt, 2005は、ドイツ敗戦の諸様相を簡潔に論じている。

終章　「絶滅戦争」の長い影

かつてのゲシュタポ本部跡につくられた、ナチズムの暴虐を伝える記念館「テロの地誌」において、独ソ開戦五〇周年の一九九一年に開催された独ソ戦をテーマとした特別展の図録『対ソ戦　一九四一～一九四五年』Reinhard Rürup (Hrsg.), *Der Krieg gegen die Sowjetunion 1941–1945. Eine Dokumentation zum 50. Jahrestag des Überfalls auf die Sowjetunion*, Berlin, 1991は、ドイツにおける独ソ戦像の形成と展開を知る上で参考になる。国防軍展の図録『絶滅戦争　国防軍の犯罪　一九四一～一九四四年』Hamburger Institut für Sozialforschung (Hrsg.), *Vernichtungskrieg. Verbrechen der Wehrmacht 1941 bis 1944*, Hamburg, 1996も同様。

2　引用文献（本文献解題で初出のときにのみ記す）

はじめに

ジェフレー・ジュークス『スターリングラード――ヒトラー野望に崩る』加登川幸太郎訳、サンケイ新聞社出版局、一九七一年

アレグザンダー・ワース『戦うソヴェト・ロシア』中島博／壁勝弘訳、全二巻、みすず書房、一九六七〜六九年

第一章

NHK取材班／下斗米伸夫『国際スパイ ゾルゲの真実』角川書店、一九九二年
ウインストン・チャーチル『第二次大戦回顧録』毎日新聞翻訳委員会訳、全二四巻、毎日新聞社、一九四九〜五五年
外務省編『日本外交年表竝主要文書』全二巻、日本国際連合協会、一九五五年
『よろめく巨人』David M. Glantz, *Stumbling Colossus. The Red Army on the Eve of World War*, Lawrence, Kans., 1998.
「ヒトラーの戦争目的」Hugh R. Trevor-Roper, 'Hitlers Kriegsziele', in: *Vierteljahreshefte für Zeitgeschichte* 8(1960), S. 121-133.
パウル・シュミット『外交舞台の脇役』長野明訳、日本図書刊行会、一九九八年
ヒュー・R・トレヴァー＝ローパー編『ヒトラーの作戦指令書——電撃戦の恐怖』滝川義人訳、東洋書林、二〇〇〇年
『OKW戦時日誌』Percy Ernst Schramm/Helmuth Greiner, *Kriegstagebuch des Oberkommandos*

der Wehrmacht (*Wehrmachtführungsstab*) *1940–1945*, 4 Bde., 1965–1972.

第二章

『ソ連側からみたバルバロッサ』 Artem Drabkin/Alexei Isaev/Christopher Summerville, *Barbarossa Through Soviet Eyes. The First Twenty-Four Hours*, Barnsley, 2012.

『とある東部戦線のドイツ軍将官』 Johannes Hürter (Hrsg.), *Ein deutscher General an der Ostfront. Die Briefe und Tagebücher des Gotthard Heinrici 1941/42*, Erfurt, 2001.

『フォン・ボック戦時日誌』 Klaus Gerbet (Hrsg.), *Generalfeldmarschall Fedor von Bock: Zwischen Pflicht und Verweigerung, Das Kriegstagebuch*, München et al., Atglen, PA., 1995.

『キエフ一九四一年』 David Stahel, *Kiev 1941. Hitler's Battle for Supremacy in the East*, Cambridge et al., 2012.

『ヒトラー　演説と布告』 Max Domarus (Hrsg.), *Hitler. Reden und Proklamationen, 1932–1945*, 4 Bde., München, 1965.

第三章

『ドイツ外交文書集』 Auswärtiges Amt, *Akten zur deutschen auswärtigen Politik 1918–1945*, Serie

D, Bd. 13, Hbd. 1, Göttingen, 1970.
『レニングラード』Anna Reid, *Leningrad. The Epic Siege of World War II, 1941–1944*, New York, 2011.

第四章

『スターリングラード』Bernd Ulrich, *Stalingrad*, München, 2005.
『東方の雷鳴』Evan Mawdsley, *Thunder in the East. The Nazi-Soviet War 1941–1945*, London, 2005.
『行動の法則』Ernst Klink, *Das Gesetz des Handelns. Die Operation 'Zitadelle' 1943*, Stuttgart, 1966.
『ソ連参謀本部研究』David M. Glantz/Harold S. Orenstein (trans.), *The Battle for Kursk 1943. The Soviet General Staff Study*, London, 1999.

第五章

キャサリン・メリデール『イワンの戦争――赤軍兵士の記録1939-45』松島芳彦訳、白水社、二〇一二年

略称、および軍事用語について

NKVD《エヌカーヴェーデー》　内務人民委員部。他国の内務省に相当するソ連の省庁。秘密警察を統轄し、戦闘部隊をも有していた。

OKH《オーカーハー》　陸軍総司令部。一九三五年の再軍備とともに設置された、ドイツ陸軍参謀本部の後身機関。正式名称は「陸軍総司令部／陸軍参謀本部」。ドイツ陸軍の統帥にあたる機構で、「軍令」関連事項、すなわち、陸軍の指揮や作戦立案を担当する。戦争指導をめぐって、しばしばOKWと権限争いを引き起こした。

OKW《オーカーヴェー》　国防軍最高司令部。一九三八年に設置されたドイツ国防省の後身機関。したがって、本来は「軍政」、部隊の編成や装備計画の立案などが主務事項であったが、一九三八年にヒトラーが国防軍最高司令官に就任して以来、総統の軍事幕僚部としての機能を付与され、戦争指導や作戦をも担当するに至った。OKW長官はヴィルヘルム・カイテル上級大将(のち元帥)で、閣僚相当の職であるとされた。

解囲《かいい》　包囲されていた都市や要塞、味方部隊に通路を開き、解放すること。

開進《かいしん》　前進展開を意味する軍事用語。

主攻《しゅこう》**・支攻**《しこう》　主攻は、戦略・作戦・戦術上の目的を達するための攻撃。支攻は、主攻を支援するため、敵兵力の牽制、味方企図の欺騙などのために行う補助的攻撃。

赤軍大本営《スタフカ》 独ソ開戦の翌日、一九四一年六月二三日に、スターリンの秘密指令によって設置されたソ連軍最高司令部。国防人民委員(他国の国防大臣にあたる)が議長となる。

総統大本営 第二次世界大戦が進むにつれ、ヒトラーがヨーロッパ各地に設置した司令所、もしくは、ヒトラーの司令部。多くの場合、陸海空軍の首脳部が詰めていた。代表的な例は、ラステンブルク(現ポーランド領ケントシン)付近に設置された「狼の巣《ヴォルフスシャンツェ》」である。

突囲《とつい》 包囲された部隊が脱出しようと、封鎖している敵を攻撃すること。

覆滅・撃破・撃滅・殲滅 「覆滅《ふくめつ》」は要塞や拠点、国家の抵抗力を奪い、占領、もしくは崩壊させること。「撃破《げきは》」や「撃滅《げきめつ》」は、敵の戦力を破壊すること。「殲滅《せんめつ》」は敵の大半を撃滅し、部隊として存在し得なくすること。

編成・編制・編合 「編成《へんせい》」は、主として、あらたに部隊を組織することを意味し、動詞的に用いる。「編制《へんせい》」は、主として部隊の構成を意味し、名詞的に用いる。新しく編成された部隊や既存の部隊を組み合わせて、より大きな部隊をつくるときには「編合《へんごう》」を用いる。

翼《よく》 戦線や陣地、軍の特定部分をあらわす軍事用語。たとえば、味方からみて、戦線の右部分は「右翼」、北の部分は「北翼」となる。

独ソ戦関連年表

一九三三年 1月30日 ヒトラー政権成立

一九三五年 3月16日 ドイツ再軍備宣言

一九三六年 3月7日 ラインラント進駐／7月17日 スペイン内戦勃発(独伊ソが、それぞれ反乱軍と政府軍に軍事援助)／11月25日 日独防共協定締結

一九三七年 6月12日 トゥハチェフスキー元帥以下のソ連軍幹部の秘密裁判と処刑が発表さる／7月7日 盧溝橋事件。日中戦争勃発／11月5日 ヒトラー、外務省と国防軍の首脳部に「生存圏」獲得の意思を言明

一九三八年 3月13日 ドイツ、オーストリアを「合邦」／9月29日 チェコスロヴァキア問題をめぐり、英仏独伊のミュンヘン会談。ソ連は蚊帳の外に置かれる

一九三九年 3月10日 ソ連共産党第一八回党大会開催、工業化のさらなる展開と軍備増強をめざす第三次五か年計画採択／同15日 ドイツ、チェコスロヴァキアを解体／5月11日 日ソ両軍の国境紛争(ノモンハン事件)勃発／8月23日 独ソ不可侵条約締結／9月1日 ドイツ軍、ポーランド侵攻／同3日 英仏、ドイツに宣戦布告／同17日 ソ連軍、ポーランド侵攻／11月30日 ソ連軍、フィンランド侵攻(冬戦争)

一九四〇年 3月12日 ソ連・フィンランド講和条約調印／4月9日 ドイツ軍、デンマークおよびノルウ

エーに侵攻／5月10日 ドイツ軍、西方作戦開始／同14日 オランダ、ドイツに降伏／同27日 ベルギー、ドイツに降伏／6月3日 イギリス遠征軍、ダンケルクより撤退開始／同10日 イタリア、ドイツ側に立って参戦／同22日 独仏休戦協定調印／同28日 ルーマニア、ベッサラビアと北ブコヴィナをソ連に割譲／7月10日 ドイツ軍英本土空襲開始（英本土航空戦）／同22日 ソ連との紛争に備えた作戦計画「第一八軍開進訓令」発令／同31日 ヒトラー、国防軍首脳部にソ連侵攻の意思を宣言／8月3日 ソ連、リトアニアを併合／同5日 ソ連、ラトヴィアを併合／同6日 ソ連、エストニア併合。OKHに「マルクス・プラン」が提出される／9月15日 OKW、「ロスベルク・プラン」を完成／同27日 日独伊三国同盟成立。野戦師団一八〇個と若干の占領用師団の準備を指示する総統命令が下達さる／11月12–13日 ソ連外務人民委員モロトフ、ベルリン訪問／同20日 ハンガリー、日独伊三国同盟に加入／同23日 ルーマニア、日独伊三国同盟に加入／12月18日 ソ連侵攻作戦「バルバロッサ」の実行を命じる総統指令第二一号が発令さる

一九四一年 3月1日 ブルガリア、日独伊三国同盟に加入／同13日 OKW、国防軍と出動部隊との共同を承認／同30日 ヒトラー、国防軍高級将校らに「ユダヤ・ボリシェビキ」撲滅を演説／4月6日 ドイツ軍、ユーゴスラヴィアおよびギリシアに侵攻／5月6日 スターリン、人民委員会議長に就任／6月6日 OKW、「コミッサール指令」発令／同22日 独ソ開戦／同28日 ドイツ軍、ミンスク占領／7月6日 センノの戦い／同16日 ドイツ軍、スモレンスク占領／8月8日 スターリン、赤軍最高司令官に就任／同14日 米英、大西洋憲章を発表／9月3日 アウシュヴィッツ強制収容所でソ連軍捕虜などを対象にガス殺実験／同8日 レニングラード包囲開始／同19日 ドイツ軍、キエフ占領／同29日 米英ソのモ

スクワ会談、軍事物資調達を定める。同日 出動部隊、キエフ近郊バビ・ヤールでユダヤ人ら約三万人を殺害／10月2日 ドイツ軍、モスクワ攻略をめざす「台風」作戦発動／11月7日 アメリカ、武器貸与法のソ連への適用を決定／12月6日 ソ連軍、モスクワ前面で反攻開始／同8日 日本軍真珠湾攻撃、米英蘭に宣戦布告／同11日 独伊、アメリカに宣戦布告

一九四二年 1月20日「ヴァンゼー会議」開催、「ユダヤ人問題の最終的解決」実行を決定。欧州各地から絶滅収容所への移送が本格化／5月26日 英ソ戦時同盟・戦後協力相互援助同盟調印／6月11日 米ソ相互援助協定調印／同12日「東部総合計画」提出さる／同28日 ドイツ軍「青号」作戦発動／7月23日 総統指令第四五号下達、スターリングラードとコーカサスの石油を同時に追求する作戦を決定／8月1日 モスクワで英ソ首脳会談／同23日 ドイツ軍、スターリングラードに到達／11月8日 西側連合軍、北アフリカに上陸／同19日 ソ連軍、スターリングラード正面で、反攻作戦「天王星」を発動／同22日 ソ連軍、ドイツ第六軍を包囲

一九四三年 1月14日 米英首脳のカサブランカ会談／同29日 ソ連軍攻勢「疾走」作戦発動／2月2日 スターリングラードのドイツ軍降伏、ソ連軍攻勢「星」作戦発動／同20日 ドイツ南方軍集団、反攻開始／3月14日 ドイツ軍、反攻によりハリコフ奪回。その結果、クルスク周辺の戦線に突出部が形成される／5月13日 北アフリカの枢軸軍、西側連合軍に降伏／7月5日「城塞」作戦発動(クルスクの戦い)／同10日 西側連合軍、シチリア島に上陸／同12日 ソ連軍攻勢作戦「クトゥーゾフ」発動／同25日 イタリアでクーデター、頭領ムッソリーニ逮捕さる／8月3日 ソ連軍攻勢作戦「ルミャンツェフ」発動／9月3日 西側連合軍、イタリア本土に上陸／同8日 イタリア、連合国に降伏／10月19日 モスク

ワで米英ソ外相会談／11月6日 ソ連軍、キエフ解放／同28日 米英ソ首脳のテヘラン会談開催

一九四四年 1月27日 ソ連軍、レニングラード解放／同28日 コルスン包囲戦開始(−2月17日)／3月28日 ソ連軍、ドイツ第一装甲軍を包囲(4月6日、第一装甲軍は脱出に成功)／同31日 マンシュタイン解任／6月4日 西側連合軍、ローマ占領／同6日 西側連合軍、ノルマンディに上陸／同22日 ソ連軍攻勢作戦「バグラチオン」発動／7月3日 ソ連軍、ミンスク解放／同20日 ヒトラー暗殺計画失敗／同23日 ソ連軍部隊、ルブリン近郊のマイダネク絶滅収容所跡に到達／8月1日 ワルシャワ蜂起開始／同20日 ソ連軍、ルーマニアに進攻／同25日 西側連合軍、パリ解放／9月8日 ブルガリアが枢軸側を離脱／同10日 ブルガリア、対独宣戦布告／同19日 フィンランド、対ソ休戦協定締結／10月9日 英ソ首脳会談でバルカンの勢力範囲が取り決められる／同15日 ハンガリー摂政ホルティによる休戦宣言に対し、矢十字党がクーデターを実行、戦争を継続

一九四五年 1月12日 ソ連軍、ドイツ本土進攻を開始／2月4日 米英ソ首脳のヤルタ会談開催／同13−14日 ドレスデン空襲／4月13日 ソ連軍、ウィーン占領／同16日 ソ連軍、ベルリン攻略作戦を開始／同30日 ヒトラー自殺／5月7日 ドイツ降伏／同8日 ドイツ、ソ連軍に対する降伏文書に調印／6月5日 米英ソ仏連合軍、ベルリンの共同管理を宣言／7月17日 米英ソ首脳のポツダム会談開催

おわりに

日記をあらためてみると、岩波新書の永沼浩一編集長から最初の連絡をいただいたのは、二〇一八年の五月二八日であった。折から休みで、某市の古書店に出かけていた筆者は、ラフな格好を気にしながら、その帰路に神保町の岩波書店に立ち寄ったことを覚えている。

永沼氏が切り出した依頼は、意表をつくものであった。新書で独ソ戦の通史を書いてみないかと持ちかけられたのである。願ってもない話ではあった。本書冒頭で述べたように、日本で独ソ戦をテーマとした文献は、ほとんどアカデミシャンが読むだけの専門書と、一般向けの戦記本(一九七〇年代の水準にとどまったものが少なくない)に二分された股割き状態にある。そこに、欧米で進められてきた、学問としての戦史・軍事史の成果を踏まえた独ソ戦史を提示するのは、おおいに意義のある仕事と思われた。

しかし、永沼氏の注文は、さらに続く。戦史・軍事史を主とするのはもちろんだが、それだけでは独ソ戦は理解できないはずである。ぜひ、ナチズム、ホロコーストとの関連や、政治外交史的側面や戦時経済のことも触れた通史として、独ソ戦に関心があって勉強したいと思っているひとが、最初に手に取るべき本にしてほしいというのだ。

難題である。浅学非才な筆者には、荷が重すぎるというべきだった。

けれども、気がつくと、筆者は応諾していた。新書で、誰もが手引きとするような本を書くという野心を刺激されたことは否定しない。だが、実は、以前より筆者には、独ソ戦の一年ごとに一巻を当てるような、詳細な通史をものしてみたいという願望があった。コンパクトな新書で独ソ戦史を書いておけば、そのための格好の「設計図」にもなるであろう。

ところが、執筆に取りかかってみると、予想されたことではあるものの、困難は大きかった。いくつかの節は、既発表の文章をもとにすることができたが、多くは、あらためて史資料を確認しつつの作業となったのである。それでも、本書の上梓にまでこぎつけられたのは、先学のさまざまな業績にみちびかれたこと、また、編集の任にあたられた永沼氏の根気強い慫慂と励ましのたまものにほかならない。ここにあらためて記し、永沼氏の尽力に感謝する。

とはいえ、新書でスタンダードな独ソ戦通史を書くという大きな課題が、はたして達成されたかどうか。落ち着かない思いのまま、読者の審判を待つしだいである。

二〇一九年五月

大木　毅

大木 毅

1961年生まれ．立教大学大学院博士後期課程単位取得退学(専門はドイツ現代史，国際政治史)．千葉大学ほかの非常勤講師，防衛省防衛研究所講師，陸上自衛隊幹部学校講師などを経て，現在，著述業．

著書—『「砂漠の狐」ロンメル』(角川新書，2019)，
『ドイツ軍事史』(作品社，2016)ほか

訳書—エヴァンズ『第三帝国の歴史』(監修．白水社，2018-)，ネーリング『ドイツ装甲部隊史 1916-1945』(作品社，2018)，フリーザー『「電撃戦」という幻』(共訳．中央公論新社，2003)ほか

独ソ戦 絶滅戦争の惨禍　　岩波新書(新赤版)1785

2019年7月19日　第1刷発行
2022年5月16日　第17刷発行

著 者　大《おお》木《き》 毅《たけし》

発行者　坂本政謙

発行所　株式会社 岩波書店
〒101-8002 東京都千代田区一ツ橋2-5-5
案内 03-5210-4000　営業部 03-5210-4111
https://www.iwanami.co.jp/

新書編集部 03-5210-4054
https://www.iwanami.co.jp/sin/

印刷・理想社　カバー・半七印刷　製本・中永製本

ISBN 978-4-00-431785-2　　Printed in Japan

岩波新書新赤版一〇〇〇点に際して

ひとつの時代が終わったと言われて久しい。だが、その先にいかなる時代を展望するのか、私たちはその輪郭すら描きえていない。二〇世紀から持ち越した課題の多くは、未だ解決の緒を見つけることのできないままであり、二一世紀が新たに招きよせた問題も少なくない。グローバル資本主義の浸透、憎悪の連鎖、暴力の応酬――世界は混沌として深い不安の只中にある。

現代社会においては変化が常態となり、速さと新しさに絶対的な価値が与えられた。消費社会の深化と情報技術の革命は、種々の境界を無くし、人々の生活やコミュニケーションの様式を根底から変容させてきた。ライフスタイルは多様化し、一面では個人の生き方をそれぞれが選びとる時代が始まっている。同時に、新たな格差が生まれ、様々な次元での亀裂や分断が深まっている。社会や歴史に対する意識が揺らぎ、普遍的な理念に対する根本的な懐疑や、現実を変えることへの無力感がひそかに根を張りつつある。そして生きることに誰もが困難を覚える時代が到来している。

しかし、日常生活のそれぞれの場で、自由と民主主義を獲得し実践することを通じて、私たち自身がそうした閉塞を乗り超え、希望の時代の幕開けを告げてゆくことは不可能ではあるまい。そのために、いま求められていること――それは、個と個の間で開かれた対話を積み重ねながら、人間らしく生きることの条件について一人ひとりが粘り強く思考することではないか。その営みの糧となるものが、教養に外ならないと私たちは考える。歴史とは何か、よく生きるとはいかなることか、世界そして人間はどこへ向かうべきなのか――こうした根源的な問いとの格闘が、文化と知の厚みを作り出し、個人と社会を支える基盤としての教養となった。まさにそのような教養への道案内こそ、岩波新書が創刊以来、追求してきたことである。

岩波新書は、日中戦争下の一九三八年一一月に赤版として創刊された。創刊の辞は、道義の精神に則らない日本の行動を憂慮し、批判的精神と良心的行動の欠如を戒めつつ、現代人の現代的教養を刊行の目的とする、と謳っている。以後、青版、黄版、新赤版と装いを改めながら、合計二五〇〇点余りを世に問うてきた。そして、いままた新赤版が一〇〇〇点を迎えたのを機に、人間の理性と良心への信頼を再確認し、それに裏打ちされた文化を培っていく決意を込めて、新しい装丁のもとに再出発したいと思う。一冊一冊から吹き出す新風が一人でも多くの読者の許に届くこと、そして希望ある時代への想像力を豊かにかき立てることを切に願う。

（二〇〇六年四月）